SURF PLEASURE

SURF & JEJU

CONTRIBUTORS

PUBLISHER	BETTER THAN SURF
CREATIVE DIRECTOR	JOJO
EDITORIAL DESIGN	JUNYONG KIM
CONTRIBUTING WRITERS	JOJO, JUNYONG KIM, BIBLE KIM HYUNMIN KIM, HYERIM
PHOTO EDITORS	SUNGWOOK PARK, SANGBUM YOON JUNG WHON, BOKEHMIX, PARKGRIM JOJO, JUNYONG KIM, DAESIC KIM BIBLE KIM
ILLUSTRATOR	JUNYONG KIM

@betterthansurf
www.betterthansurf.com

© 2024 Reproduction of any part of this publication is strictly forbidden without prior permission from the publishers, authors and artists.

Photo by SUNGWOOK PARK

LETTER FROM THE EDITOR

어부였던 할아버지를 따라 바다를 놀이터 삼아 지냈던 어린 시절이 있었다.
서핑을 처음 시작하게 된 건 인생이 가장 허무하고 무기력했던 때였다.
연기가 아니어도, 영화가 아니어도 행복할 수 있을까? 라는 질문에 빠져 한참을 헤매던 중
밴쿠버 아일랜드 토피노에서 처음 서핑을 경험해 보았다.

비 오는 날이었다.
광활한 자연과 파도의 짠맛은 그 마음을 말없이 위로해 주는 것 같았다. 달고 짜고 매웠다.
'연기가 아니어도 행복할 수 있구나!' 라는 안도감에 흐르는 눈물을 빗물로 닦아냈다.
자연 안에서 겸허한 행복을 경험한 그날 이후 나의 삶의 방향은 완전히 바뀌었다.
성실한 관찰자로 서핑에 울고 웃는 서퍼들의 이야기를 듣고 기록했다.

서핑 전 먹었던 도넛
서핑 후 마셨던 맥주 한잔
파도를 기다리다 만난 선셋
바다에서 본 선라이즈
서핑 트립에서 만난 소중한 인연

서퍼들은 파도를 타는 순간과 서핑을 통해 얻은 소중한 순간들을 기억한다.
서핑을 통해 삶의 균형을 찾고 자연 안에서 행복을 찾는 사람들
그들에 대한 애정과 존경을 담아

JOJO

BETTER THAN SURF

CONTENTS

LETTER FROM THE EDITOR	4
SURF QUOTES	6
CHANGE	8
TALES FROM SOUTH	10
SU JEONG IM	20
DO HYUN KIM	30
JUN SU PARK	38
HYUNG SUK CHOI	46
WAY	56
HYERIM	58
YOGA FOR SURF	66
NAYEON & JUWON	74
TAEYANG KIM	80
MINGURINO	88
YOYO	94
SURF GEAR COLLECTION	104
JEJU	108
DUKE CHANG NAM LEE	110
SU HYUN IM	122
SAKU	130
GAEUNNI	138
JONG SOO HONG	144
JEJU OPEN SURFING CONTEST 2024	152
SURFING & JEJU	162
JEJU SURF & CAMP GUIDE	174
L.A. SURF TRIP	176
HYUNMIN, OUT OF MIND SURF	188
WAVE & LONGBOARD	196
INHWAN KIM, BUMSURFBOARDS	198

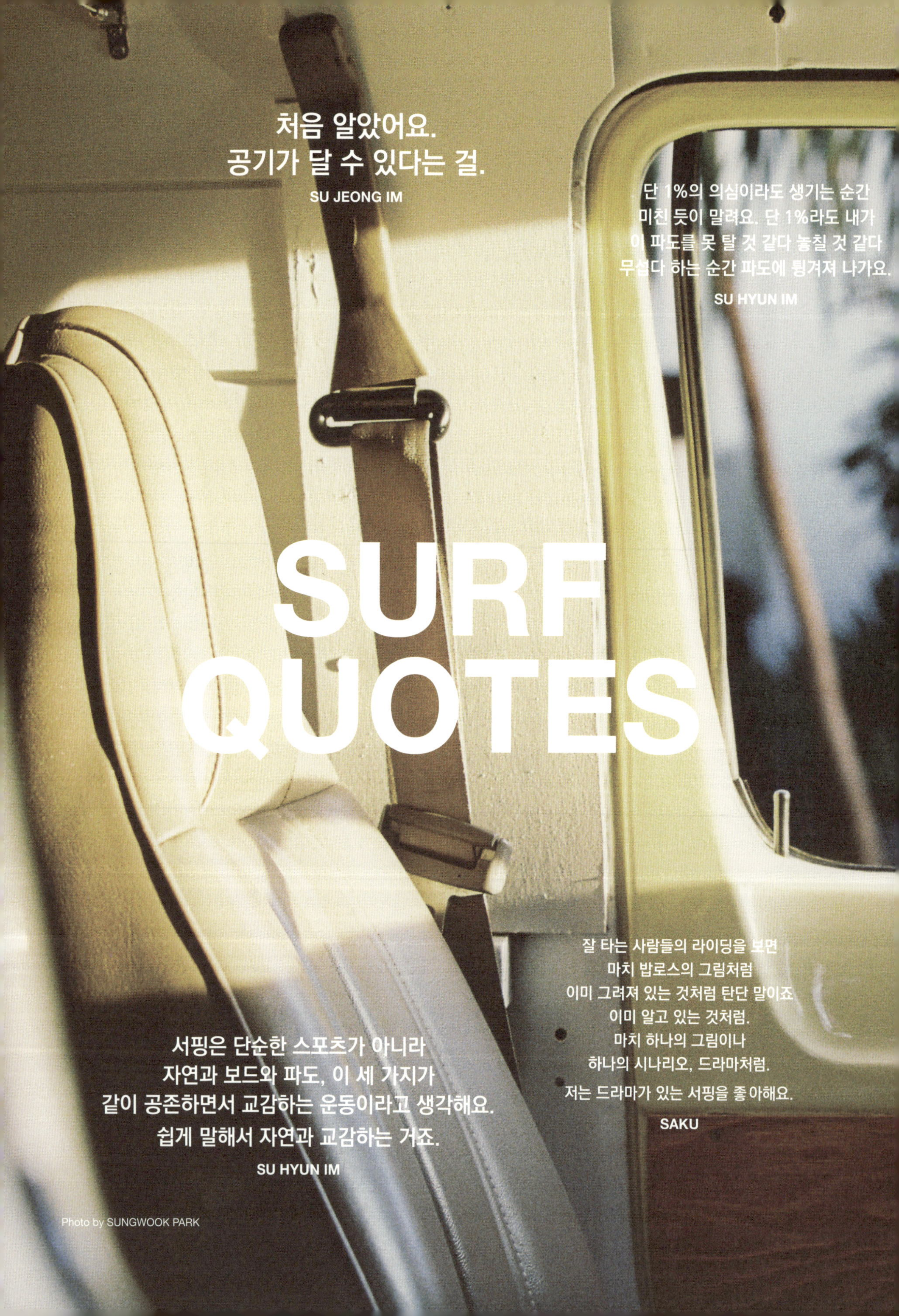

처음 알았어요.
공기가 달 수 있다는 걸.
SU JEONG IM

단 1%의 의심이라도 생기는 순간
미친 듯이 말려요. 단 1%라도 내가
이 파도를 못 탈 것 같다 놓칠 것 같다
무섭다 하는 순간 파도에 튕겨져 나가요.
SU HYUN IM

SURF QUOTES

서핑은 단순한 스포츠가 아니라
자연과 보드와 파도, 이 세 가지가
같이 공존하면서 교감하는 운동이라고 생각해요.
쉽게 말해서 자연과 교감하는 거죠.
SU HYUN IM

잘 타는 사람들의 라이딩을 보면
마치 밥로스의 그림처럼
이미 그려져 있는 것처럼 탄탄 말이죠
이미 알고 있는 것처럼.
마치 하나의 그림이나
하나의 시나리오, 드라마처럼.
저는 드라마가 있는 서핑을 좋아해요.
SAKU

Photo by SUNGWOOK PARK

나 자신이 한국에서의 첫 서퍼라는 것을
깨닫게 되었고, 서핑의 세계적인 전도자인
하와이의 'Duke Kahanamoku'에서
듀크를 뽑아서 나의 별칭으로 했습니다.
제주도의 듀크 포인트는 1997년 내가
해녀의 집 앞의 파도를 처음 탔기 때문에
그대로 '듀크 포인트'로 한 것입니다.

DUKE CHANG NAM LEE

서핑이란 단어에서 파생되어
나오는 문화들 있잖아요.
패션일 수도 있고 음식일 수도
있고 음악이 될 수도 있죠.
이 모든게 즐거워요.

TAEYANG KIM

그날 바다의 파도처럼
움직이려고 해요.
거친 파도에선 거칠게
부드러운 파도에선 부드럽게.

SU JEONG IM

파도 면을 탔을 때, 내 힘으로 파도를 잡고
면을 따라 사이드 라이딩을 할 때 보이는 뷰가
너무 아름답다고 해야 되나.
자연과 나의 교감, 혼자 명상 같은 느낌이 있어요.

MINGURINO

소소한 행복이나 작은 기쁨에 집중하다 보면
내 주변의 MZ세대나 사회 초년생들이 느낄 두려움과
불안함이 점점 사라지고,
그 자리에 도전할 용기가 생겨나는 것 같아요.
서핑도 그런 면에서 비슷하다고 느껴요.
두렵고 불안한 순간들을 지나고 나면,
그 뒤에 더 큰 즐거움과 성장이 기다리고 있는 것처럼요.

HYERIM

추구하는 서핑은 춤 같은 거죠.
메뉴버(Maneuver)를 만들면서
파도가 무도회장의 파트너라면
에스코트부터 마무리까지
같이 호흡하면서 부드럽게 때론
강하게 같이 춤을 춘다고 생각해요.

SAKU

CHANGE

'SURFING IS THE SOURCE.
CAN CHANGE YOUR LIFE.
SWEAR TO GOD.'

THE SURF SHOP KID IN POINT BREAK
영화 '포인트 브레이크' 중

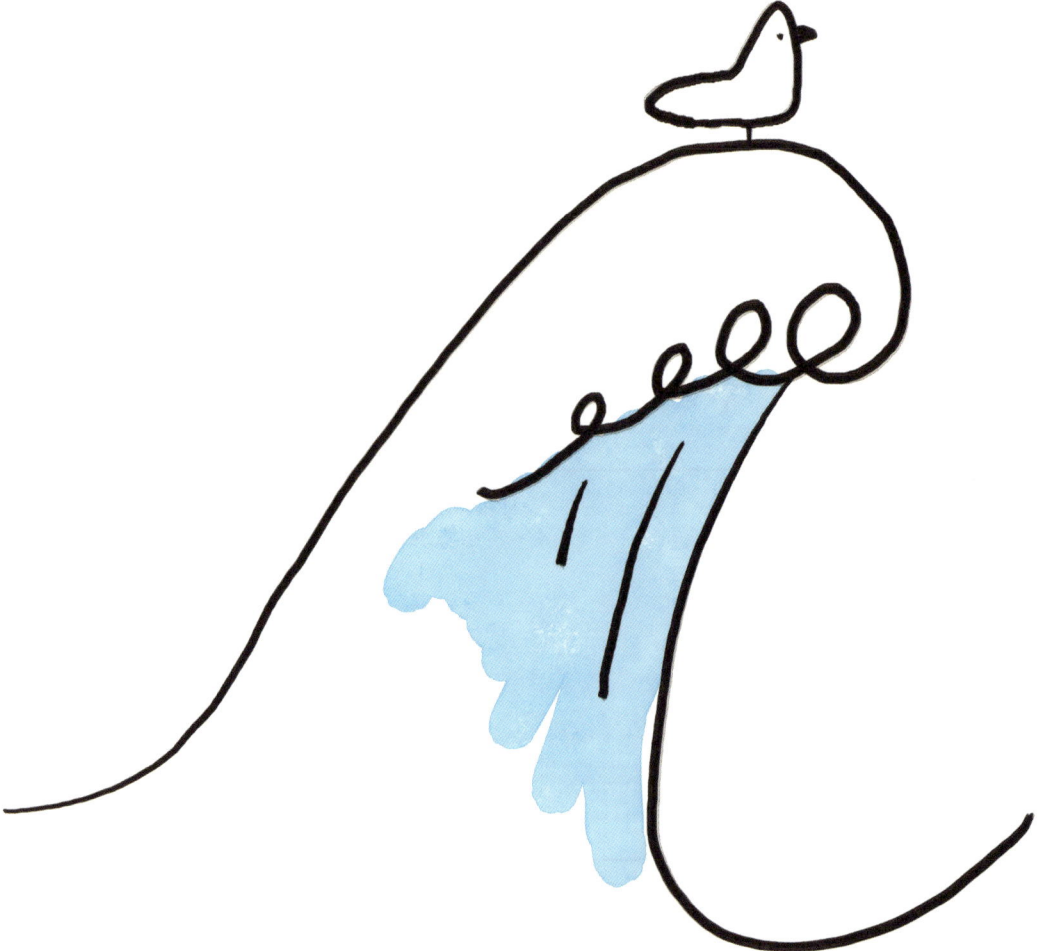

TALES FROM SOUTH

by JUNYONG KIM

OKAY TO SURF WITHOUT A LEASH?

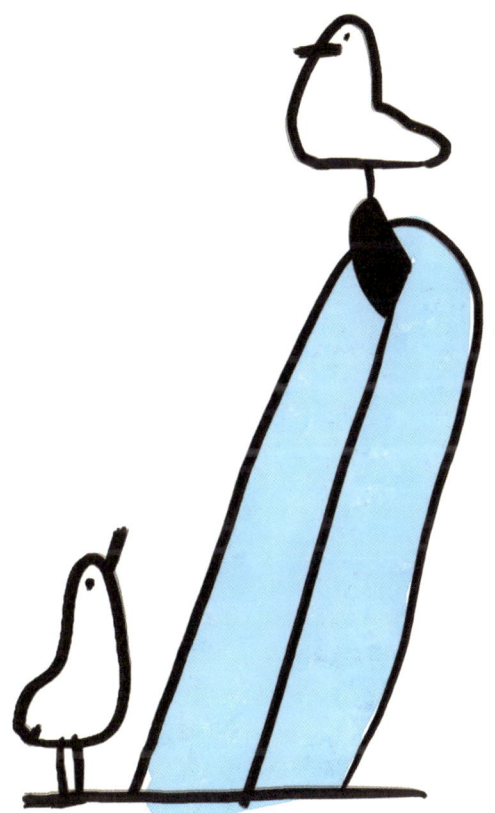

SURF PLEASURE

ONE BREATH IN
ON THE BEACH
ENJOY THE SUNSHINE

ONE BREATH IN
THE PERFECT WAVE
I DREAM OF

THE BEACH HOUSE
BETWEEN
MY DREAMS AND REALITY

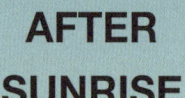

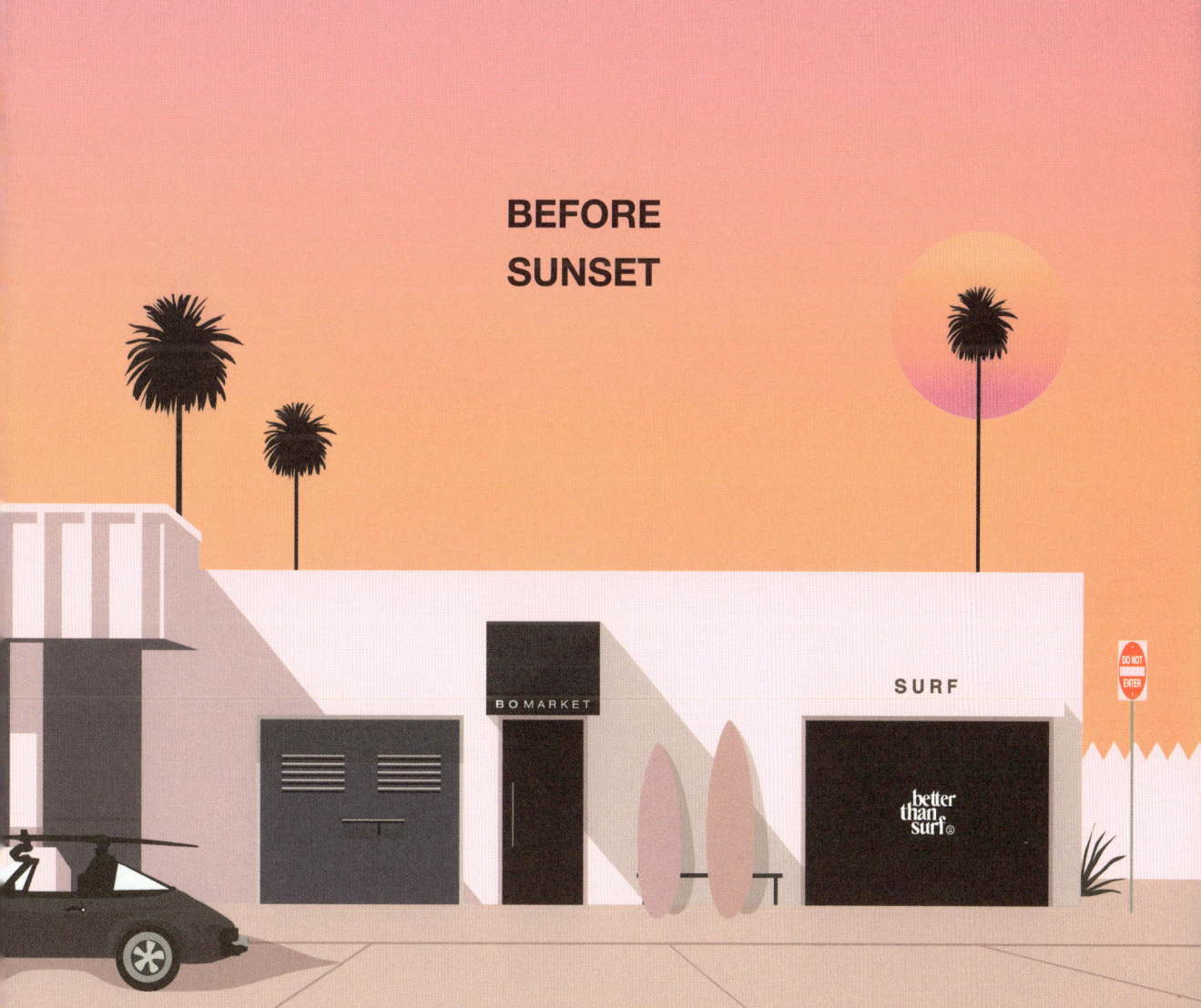

JOURNAL

SU JEONG IM

대한민국을 대표하는 국가대표 여성 숏보더이자
강하지만 다정하고 아름다운 사람 임수정
그녀가 바다에게서 배운 서핑과 삶에 대한 이야기

안녕하세요. 수정 님 반갑습니다.
2024년 7월 중문 서핑 대회에서 실제로
만나게 되어 너무나 반가웠어요! 이렇게 인터뷰
요청에 응해주셔서 너무나 감사합니다.
겨울 서핑에 대한 다큐멘터리
〈THE WINTER SURF 2: Passion〉에서
수정 님의 겨울 서핑에 대한 철학과 열정에
대한 인터뷰가 굉장히 인상적이었습니다.

1. 어떻게 서핑을 시작하게 되셨어요?

지금은 훈련하기 가장 좋은 시흥에 뿌리내리고 있지만
처음 시작은 부산 송정 바닷가였어요. 초등학생이었던
동생이 방과 후 수업으로 서핑을 배운다고
하더라고요. 그 이후 동생은 밤낮 봄 여름 가을 겨울
할 것 없이 바다로 나갔죠. 추운 겨울이었고 눈 오는
날이었어요. 슈트를 여러 겹 겹쳐입고 덜덜 떨면서
서핑을 하고 오는데, 너무 행복해 보여서 뭐가 그렇게
재밌냐고 물어봤더니 말로 표현할 수 없다고 해봐야
안다고 하더라고요. 다음 해 여름 서핑을 접했고 결국
그해 겨울 동생과 같이 서핑을 하고 있더라고요.
그렇게 15년이 지난 지금까지 이어지고 아시안게임
시딩을 받고 있다는 게 신기할 따름입니다.

MOVE LIKE WAVES
IN THE OCEAN THAT DAY.
ROUGH ON ROUGH WAVES,
SOFT ON SOFT WAVES.

2. 그렇게 중학생 무렵 서핑을 좋아하는 남동생의 영향으로 서핑을 시작하고 홈스쿨링까지 하시면서 서핑을 하셨다고 들었습니다. 어린 수정으로 돌아간다면 같은 선택을 하실지, 어린 수정에게 어떤 얘기를 해주고 싶으세요?

돌아가도 같은 선택을 할 것 같아요. 다만 어떻게 하면 좀 덜 돌아갈 수 있을지 더 힘 있게 할 수 있는지 어린 수정에게 얘기해주고 싶어요.
덜 고생했으면 좋겠어요.

-덜 돌아가고 힘 있게 할 수 있는 방법이라, 돌아가 본 사람만 알 수 있는 지혜겠군요!

3. 보통의 학생들과 다르게 자신만의 길인 서핑을 선택하신 거네요. 어떻게 보면 굉장히 과감한 선택인데요. 부모님의 신뢰와 지원이 정말 남다릅니다! 수능 경쟁대신 서핑 트립이라 정말 멋진 유년시절이네요!

고등학교 진학 시 가장 중요하게 생각한 점이 '어느 학교를 가면 서핑을 많이 할 수 있을지'였어요. 그때 부모님께서 "서핑이 그렇게 좋으면 한번 제대로 해보라"며 밀어주셨어요. 고등학교에 진학하는 대신 홈 스쿨링을 하고 남동생, 아버지와 함께 세계 곳곳으로 서핑 트립을 다녔습니다. 정말 감사하게 생각하고 있어요.

-부모님이 정말 멋지셔요!

4. 클라이밍선수 출신 아버지와 어머니의 지원으로 남매가 2011년 나란히 국가대표까지 되었는데, 그 당시 상황을 좀 더 자세히 설명해 주세요.

남동생과 제가 가장 예뻤던 시절이었던 걸로 기억해요. 부상도 상처도 덜 입었을 때 말이에요. 다 엄마 아빠의 덕이였어요. 도우러 와주신 아빠 목에 남동생과 함께 메달을 걸어드리는데 살면서 가장 뿌듯한 순간이었습니다.

5. 2011 - 2022년 국내외 대회 챔피언 21회, 입상 40회 등 수정 님을 검색하면 화려한 수상 이력이 나오는데요. 수많은 기쁨과 좌절의 순간이 있었을 것 같은데, 가장 기억에 남는 순간이 있다면, 어떤 순간인가요?

부상이 연달아 찾아왔을 때였어요. 엎친 데 덮친 격으로 응급수술도 하게 되고 회복하러 간 전지훈련에서 뎅기열에 걸려 급히 한국으로 들어왔을 땐 정말 세상이 저에게 등을 돌린 기분이었습니다. 정말 착하게 살았다고 생각했는데 억울했어요. 실은 그거랑 관계없는 건데 말이죠. 그때 당시 유튜브에 알고리즘으로 삶을 잘 마무리하는 법, 죽음이란 무엇인가 같은 게 떠서 더 속상했었어요. 다행히 그때 가장 친한 친구인 남편이 잘 길잡이해 주어 차근차근 회복시키며 꿈을 다시 꾸게 되었습니다. 스스로를 못 믿을 때에도 날 믿어주고 응원해 주는 친구가 있다는 걸 가장 힘들 때 알게 되었죠. 사람이 가장 큰 선물이고 행복이란 걸 알게 된 그때가 가장 기억에 남아요. 그러고 둘러보니 주변에 참 좋은 멋진 고마운 사람들이 많더라고요.

-가장 힘든 순간, 인생의 가장 큰 선물을 받으셨군요. 마치 서핑처럼 아름다운 인생의 미스터리입니다!

Source @donggikim.k

SU JEONG IM

처음 알았어요. 공기가 달 수 있다는 걸.
사실 큰 파도에 말리는 것이 더 무서울 수 있는 경험인데
저는 그럴 때 되려 더 덤덤히 직면하려 하는 편입니다.

발아래 보드 밑에서 파도 결이 꿈틀거리며
솟구치는 게 가만히 있어도 소름 끼칠 정도로
생생하게 느껴져요. 대단했었어요.

6. 하와이, 도쿄 등 큰 파도를 찾아 많이 여행하신 걸로 아는데요. 가장 기억에 남는 스팟은 어디이며, 이유는 무엇인가요?

하와이 노스쇼어 선셋비치가 가장 기억에 남아요. 태평양 한가운데 있는 섬이라는 걸 파도 위에 올라섰을 때 생생하게 체감해요. 발아래 보드 밑에서 파도 결이 꿈틀거리며 솟구치는 게 가만히 있어도 소름 끼칠 정도로 생생하게 느껴져요. 대단했었어요.

7. 서핑하면서 가장 위험했던 순간은 언제인가요? 그럼에도 불구하고 두려움을 극복하게 한 가장 큰 원동력은 무엇인가요?

그것 또한 하와이 노스쇼어 선셋 비치랍니다. 그날 파도는 정말 집채보다 컸고 멈칫하는 순간 파도가 날 집어삼켜 내동댕이치는데 살면서 가장 긴 와이프아웃이었어요. 이제 멈출 때가 됐는데 하는데도 안 멈추고 계속 절 바닷속으로 끌고 내려가더군요. '아, 끝이구나' 라는 생각이 드는 순간 서서히 런드리가 멈췄고, 눈을 떠 주변을 살펴보는데 어디가 하늘인지 빛도 보이지 않을 정도로 깊이 빠진 상태였습니다. 지난 일들이 주마등처럼 스쳐 지나가며 몸에 힘이 빠지니 몸이 살짝 뜨더라고요. 그때 정신을 차렸어요. 뜨는 쪽이 위쪽이겠구나. 남은 힘이 없었을 텐데 어디서 난 힘인지 전력을 다해 팔다리를 저어 올라갔더니 드디어 빛이 보이더라고요. 그래서 더 미친 듯이 팔다리를 저었고 드디어 물 밖에 나올 수 있었습니다. 처음 알았어요. 공기가 달 수 있다는 걸. 사실 큰 파도에 말리는 것이 더 무서울 수 있는 경험인데 저는 그럴 때 되려 더 덤덤히 직면하려 하는 편입니다. 그게 도움이 많이 되더라고요. 어떤 경험이든 감정이든 나에게 독으로 쓸지 힘으로 쓸지는 본인이 결정하라는 선생님 말이 도움 많이 됐어요.

-공기가 달 수 있다니! 너무 멋진 표현이네요! 두려움, 위기의 순간을 덤덤히 직면하고, 그 경험을 본인의 강함으로 만든다! 공포를 성실하게 극복하고자 했던 프로서퍼의 철학이 감동적이기까지 합니다.

8. 수정 님에게 바다란 어떤 의미인가요?

애증의 대상, 친구, 동료, 선생님

9. 5년 만에 제주서핑대회가 열렸는데 파도는 어떠셨나요? 서핑하기 전 혹은 대회전 루틴 같은 게 있다면 어떤 걸까요?

제주도 파도 정말 좋아해요! 언니 오빠들이랑 닮았어요 거친 듯한데 다정한 츤데레 개그 캐! 평소 서핑 전 식사를 항상 견과류, 과일, 물로 간단하게 먹는 편이에요. 그리고 훈련 시간에 넉넉하게 도착해서 꼼꼼히 준비하고 준비운동으로 몸을 풉니다. 그게 평소 서핑 전 루틴이에요. 대회 전 루틴은 비밀입니다.

10. 수정 님은 우아한 서핑 스타일로도 유명한데요. 오랜 시간 서핑을 해오면서, 추구하는 수정님의 서핑 스타일이 있으신가요?

그날 바다의 파도처럼 움직이려고 해요. 거친 파도에선 거칠게 부드러운 파도에선 부드럽게.

그날 바다의 파도처럼 움직이려고 해요.
거친 파도에선 거칠게 부드러운 파도에선 부드럽게.

11. 한국의 올바른 서핑 문화를 만들고자 하는 배러댄서프에게도 조언이나 응원 한마디 해주실 수 있을까요?

    진심을 다하면 언젠가 닿는다고 합니다. 잘하고 계시는 듯해요.
    Never Try Never Know.

12. 수많은 대회 경험을 가진 베테랑 서퍼로서 프로서퍼가 되고 싶어 하는 후배들에게 해줄 조언이 있으신가요?
파도가 무서운 초보서퍼에게도 한마디 해주세요!

    프로페셔널이 뭔지에 대해 사전적 정의를 찾아보고 완전히 상업화된 프로페셔널한 타 종목을 찾아본 뒤 본인의 프로페셔널 정의를 세우고 그에 맞는 방법을 찾는 걸 추천드립니다. 파도가 무서운 초보 서퍼분들 왜 무서운지 생각해 보셨어요? 강한 노즈다이빙 때문에? 큰 낙차 때문에? 강한 런드리 때문에? 왜 그런지 이유를 생각해 보세요. 그에 맞는 방법은 만나면 알려줄게요. 너무 다양해요. 한 가지 말씀드릴 수 있는 건 안전 제일이니 사람 적은 곳으로 가시고. 무서운 상황을 인지하고 안전한 상황에서부터 조금씩 더 그리고 자주 직면해 보세요. 트라우마는 마주할 때 해결된다고 합니다. 물론 안전한 방법으로!

13. 환경을 사랑하는 마음으로 비누 하나로 샤워를 마치신다고 들었어요:)
바다를 사랑하는 환경 지킴이들도 피부 건강은 놓칠 수 없으니 좋은 제품 추천해 주세요!

    파도스튜디오의 보드 모양 약산성 샴푸바 추천해요. 물론 저로부터 나오는 것들이 적어졌으면 해서 이걸 쓰는 이유도 있지만 가지고 다니기 편하고 흠를 걱정 없고 순한데 잘 지워져서 머리부터 발끝까지 한 번에 편하게 사용하고 있답니다.

14. 서퍼이자 인간 수정 님의 앞으로의 꿈은 무엇인가요?

    강하지만 다정한 사람

SU JEONG IM

Photo by DAESIC KIM

JOURNAL

BETTER THAN SURF CREW
DO HYEON KIM

**배러댄서프의 라이더이자 떠오르는 Super Rookie
국가대표 롱보드 서퍼 도현의 4월 El Salvador 에서 열린
ISA World Longboard Championship 이야기와 경기 비하인드
그리고 그가 생각하는 서핑 라이프 스타일에 대한 이야기**

1. 안녕하세요 도현 님 먼저 간단하게 자기소개 부탁드릴게요.

　　안녕하십니까! 서핑 5년 차 롱보드 서퍼이자 2024년 남자 롱보드 서핑 국가대표 김도현이라고 합니다!

2. 어떻게 서핑을 접하게 되셨는지, 서핑을 처음 접하게 된 이야기와 프로서퍼가 되야겠다 다짐하게 된 계기가 무엇인지 궁금합니다!

　　20살 때 친구와 갔던 대만여행에서 우연히 서핑하고 있는 서퍼들을 보았고, 언어가 통하지 않아 겨우 보드만 렌트하고 유튜브로 독학해서 첫 서핑을 해보았습니다. 지금 생각하면 굉장히 무모한 짓이었죠.(웃음) 굉장히 재밌었지만 한국에서 서핑을 할 수 있다는 생각은 못해서 잊고 지냈어요. 그러다 군대 휴가 때 여행 갔던 경남 남해에 서핑스쿨이 있었고 다시 한번 서핑을 해보았어요. 청소년기까지 뭔가를 꼭 하고 싶다는 생각이 없었던 저에게 서핑은 정말 크게 다가왔습니다. 전역 후 서핑을 제대로 한번 해봐야겠다 마음을 먹고 필리핀으로 가서 서핑을 시작했습니다. 솔직히 프로서퍼가 되겠다 마음을 먹은 적은 없었지만 제가 좋아하는 서핑을 즐기다 보니 이렇게까지 오게 됐어요.

3. LA 아웃오브마인드 현민 님 서핑스쿨에서 Instructor로 계신 걸로 아는데요. 그곳에서 재밌었던 에피소드와 느끼신 점 말씀해 주세요.

　　한 번은 손님이 없는 날 현민이 형과 둘이 Trestles Church에 가서 서핑을 한 적이 있어요. 그날 라인업에는 서핑 영상에서나 보던 정말 유명한 서퍼들이 있었고 리쉬를 한 사람이 저희 둘밖에 없었어요. 노리쉬로 다들 스위치, 텐덤, 크로스를 하면서 그 누구도 드롭을 한다고 화를 내지 않고 오히려 다같이 한 파도를 어울려 타면서 정말 즐겁게 서핑을 즐기더라고요. 그 모습을 보면서 제가 지금까지 하던 서핑은 틀에 박혀 있었다는 생각이 들었고, 이후 제 서핑 스타일에 많은 영감을 주었던 거 같아요. 지금은 아웃오브마인드 캠프를 운영하진 않지만, 캘리포니아에 가실 수 있는 기회가 생기신다면 꼭 가보시길 추천드려요!

4. 현재 배러댄서프 범서프보드의 라이더로 활동하고 계신데, 타고 계신 보드에 대해서 설명 부탁드립니다.

　　Model : IMUGI 2.0
　　Size : 9'5'' x 23 x 3

　　범서프보드는 캘리포니아에 있는 한인 쉐이퍼가 만드는 보드 브랜드입니다. 그중 이무기라는 모델을 타고 있습니다. 이무기는 노즈라이딩에 특화된 모델로써 넓은 스퀘어 테일과 적당한 두께의 레일을 가지고 있습니다. 약간의 테일킥은 보드를 잡아주는 홀딩력을 높여주어 포켓에서 컬이 잡아주는 노즈라이딩을 만들어주고 적당히 묵직한 무게로 안정감을 높여줬습니다!

5. 서핑하는 삶을 살기 위해서 잃은 것이 있다면 무엇이고, 얻은 건 무엇인가요?

　　서핑을 하기 위해서 잃은 건 안정적인 삶이라고 생각해요. 전역 후 20대 초반치고 꽤 높은 연봉을 받고 일할 기회가 있었어요. 하지만 서핑이 너무 하고 싶어 거절하고 지금까지 서핑만 했어요. 그때 그 일을 했다면 지금보다 확실히 경제적으로 안정적인 삶을 살았을 것 같아요. 하지만 서핑을 하면서 얻은 게 더 많은 것 같아요. 제일 먼저 서핑을 하면서, 정말 좋으신 분들을 많이 만났어요. 하나하나 다 설명을 드리진 못하지만 항상 많은 도움 주시고 좋은 말씀을 많이 해주세요. 이번 대회 때도 정말 많은 분들의 도움을 받았어요. 그리고 무언가에 얽매이지 않는 자유로운 삶을 얻고 행복하게 생활하고 있습니다. 서핑이 자연스러운 삶의 한 부분이라고 생각하고 서핑이 없는 삶은 상상도 못 할 거 같아요.

무언가에 얽매이지 않는 자유로운 삶을 얻고 행복하게 생활하고 있습니다. 서핑이 자연스러운 삶의 한 부분이라고 생각하고 서핑이 없는 삶은 상상도 못 할 거 같아요.

**서핑을 하지 않았다면,
알지 못했을 소중한 사람들과 소중한 감정들입니다.**

6. 아직 서핑 챔피언십에 대해 잘 모르는 분들을 위해 국가대표로서 ISA World Longboard Championship에 대해
   설명 부탁드립니다.

   ISA는 International Surfing Association의 약자로 국제 올림픽 위원회에 인정받는 협회입니다. World Longboard Championship 은 39개국에서 국가별 최대 남자 2, 여자 2, 롱보드 대표를 선발, 출전하여 개인순위와 국가별 순위를 매기는 대회입니다. 아직 롱보드는 올림픽 종목이 아니지만 2028년 LA올림픽에 롱보드가 종목으로 채택되기 위해 많은 노력을 하고 있고, 만약 종목으로 채택된다면 ISA에서 주관하는 WLC 포인트가 올림픽 출전권을 얻는데 굉장히 중요한 요소가 될 것입니다.

7. El Salvador의 파도에 대해서 설명해 주세요!

   El Salvador의 El Sunzal에서 대회를 하였는데, 이곳 파도는 굉장히 크고 파도의 힘이 강했습니다. 평균 1.5 헤드 정도 이상 되는 파도가 들어왔고, 배럴이 생기고 컬이 말리는 파도는 아니지만 굉장히 두껍고 커서 그동안 겪어보지 못한 파워의 파도였습니다. 파도에 말리게 되니 정말 힘들더라고요.

8. 한국에서 가장 친숙한 서핑 스폿의 파도와 El Salvador의 파도의 차이점은 무엇인가요?

   한국의 서핑 스폿은 거의 대부분 비치브레이크라 라이딩이 짧고 파도가 불규칙적이지만 El Salvador의 대회장은 포인트브레이크라 파도가 규칙적인 패턴으로 들어오고 파도가 크다 보니 라이딩을 굉장히 길게 이어갈 수 있었어요. 영상촬영을 해보니 1분 정도 라이딩을 한 거 같아요!

9. 추구하는 서핑 스타일이 있으신지 뮤즈가 있으신지 궁금합니다!

   처음 서핑을 시작할 때는 퍼포먼스 스타일을 많이 추구했었는데, 저한테 잘 맞지 않아 실력이 빨리 늘지 않았던 거 같아요. 그래서 지금은 정통 클래식 롱보드 스타일을 추구하고 있어요. 지금 스타일이 저에게 훨씬 잘 맞고 재밌는 거 같아요. 뮤즈를 따로 두진 않지만 유튜브에 캘리포니아 서퍼들 영상을 편집해 놓은 'California Soul'을 많이 보면서 그들의 서핑 스타일을 보고 배웠어요.

10. El Salvador에서 음식은 입맛에 잘 맞았나요? 가장 맛있게 먹은 음식은 무엇인가요?

    그곳 음식이 입에 안 맞아서 많이 힘들었어요. 같이 갔던 김동균 선수가 요리를 너무 잘하세요. 동균이 형이 해줬던 음식이 가장 좋았어요. 특히 탕수육! 식빵으로 빵가루를 만들어서 밀가루 반죽해서 파스타랑 같이 먹었던 게 가장 맛있었어요. 운동선수다 보니 사 먹는 것보다 해 먹는 게 좋았어요. 사실 저는 한국인 입맛이라 신라면이 가장 좋았습니다!

안전하게 서핑하는 요령은 욕심을 내지 않는 것입니다!
무리하지 않는 것! 아무리 파도가 좋아도,
사람이 있으면 풀아웃합니다.

**파도가 크든 작든 최대한 물에 자주 오래 들어가는 것이
중요한 것 같아요. 파도에 대한 이해가 생기고 파도를
읽을 수 있는 능력이 생기는데, 파도를 잡아야 라이딩이
가능하기 때문에 파도를 읽는 능력이 중요합니다!**

11. 경기하는 인스타 사진을 보니까 헤드폰으로 뭔가를 듣는 거 같던데 어떤 음악을 듣고 계셨어요?

    경기 전엔 사실 음악 안 들어요. 파도를 집중해서 보고, 대기할 때 보통 팝송 Top100 들어요! 아무 생각 없이 자동재생 해놔요.

12. 좋은 사람들을 만나 너무 감사한 게 많다고 하셨는데, 하나만 얘기해 주세요!

    서핑하면서 바다에서 좋은 사람들을 많이 만나게 되었어요. 자연스럽게 좋은 인연으로 이어져 평소에도 많이 챙겨주시지만, 대회 나갈때는 경비하라고 용돈도 챙겨주시고, 많은 분들이 도움을 많이 줬어요. 서핑을 하지 않았다면, 알지 못했을 소중한 사람들과 소중한 감정들입니다.

13. 서핑하면서 가장 힘들었던 때는 언제인가요?

    코로나 터졌을 때, 서핑을 제대로 해야겠다!라고 다짐 하고 얼마 안 돼서 코로나가 터졌는데요, 해외의 파도맛을 알아버렸는데 해외에 나가지 못해서 가장 힘들었습니다! 캘리포니아에 Trestles Church 해변이 너무 좋았어요! 캘리포니아에 가면 서핑샵들이 많은데요. Almond Surfboards, Daydream Surf Shop 등 개성이 강한 곳이 많은데 그런 곳 투어하면 좋을 것 같아요! 아사이볼도 너무 맛있고 말리부 쪽에 피시타코! World Fish Taco 너무 맛있었어요! 생선을 안 좋아하는데도 맛있을 정도였어요.

14. 평소 몸관리는 어떻게 하고 계신가요? 서핑 국가대표의 운동루틴 같은 게 있을까요?

    최근에 담배를 끊었습니다. 23년도 대회 시작하면서 금연을 했어요. 기본체력 운동, 근력운동도 꾸준히 하고 있어요. 확실히 더 체력이 좋아지는 걸 느껴요.

15. 부상에 대한 걱정은 없으신가요?

    제일 크게 다친 건 3년 전 눈썹에 보드를 맞아서 열 바늘 꿰맸던거예요. 제 부주의 때문이었죠. 그리고 풋살을 너무 좋아하는데, 웬만하면 안 하려고 해요. 안전하게 서핑하는 요령은 욕심을 내지 않는 것입니다! 무리하지 않는 것! 아무리 파도가 좋아도, 사람이 있으면 풀아웃합니다. 파도에 대해 백 퍼센트 확신이 없으면 파도를 포기합니다. 그래서 안 다치는 것 같아요! 그래도 바다라는 대자연에서 하는 스포츠다 보니 예상하지 못하는 순간이 생길 때도 많아요. 그래서 정말 안전하게 하려고 해요.

    -욕심을 부리지 않는다. 마치 인생 명언 같아요!

16. 롱보드를 잘 타기 위한 팁이 있나요?

    물밥이라는 게 있어요. 물에 들어가는 횟수가 굉장히 중요합니다. 파도가 크든 작든 최대한 물에 자주 오래 들어가는 것이 중요한 것 같아요. 파도에 대한 이해가 생기고 파도를 읽을 수 있는 능력이 생기는데, 파도를 잡아야 라이딩이 가능하기 때문에 파도를 읽는 능력이 중요합니다!

JOURNAL

BETTER THAN SURF CREW

JUN SU PARK

배러댄서프의 Deadkooks 라이더 준수의
안전하고 오랫동안 할 수있는 서핑 꿀팁과
탐험가의 정신을 가진 낭만 가득한 서핑 트립 이야기

Deadkooks Ying Yang 6'3"

Tail: Swallow
Color: Abstract / White
Fin: Twin
Length: 6'3"
Width: 20 1/4
Thickness: 2 1/2

1. 안녕하세요. 배러댄서프의 데드쿡스 라이더 준수 님 자기소개 부탁드릴게요.

2019년 여름부터 서핑을 시작해서 지금까지 계속 활동을 이어오고 있는 박준수라고 합니다. 지금은 숏보드를 주력으로 타고 있고요. 가끔 파도에 맞춰서 데드쿡스의 피시보드도 타고 롱보드도 타고 그럽니다.

2. 지금 타고 계시는 보드와 라이딩 스타일을 설명해 주세요!

지금 타고 있는 잉양(Ying Yang)은 미드랭스 트윈핀 보드로 나온 보드입니다. 미드랭스지만 숏보드처럼 빠른 턴과 쉬운 파도 캐치가 굉장한 장점이에요. 또한 바텀에 채널을 만듦으로써 더 빠른 속도로 큰 파도를 타기에도 장점이 많아요. 숏보드를 타기엔 부담스럽지만 빠르고 재밌는 보드를 찾으신다면 추천드려요!

3. 서핑을 어떻게 왜 시작하게 되셨나요?

사실 저는 직업군인이었습니다. 같이 일을 하던 동료와 양양바다를 같이 가게 됐었는데 그때 얼떨결에 시작하게 되었습니다. 서핑하는 친구를 구경하러 갔다가 그냥 같이 하게 되었어요. 그날 유독 날씨가 맑았고 파도의 에너지, 바다의 짠맛과 그 모든 게 어우러져서, 그날 모든 것이 너무 좋아서 바로 서핑에 빠지게 됐어요. 서핑을 통해서 해방감 같은 걸 느꼈던 것 같아요.

4. 그럼 직업군인 일을 하다가 서핑으로 업을 바꾸게 되신 거잖아요. 하던 일을 그만두고 완전히 다른 삶을 살게 되셨는데, 그런 위험을 감수하고도 서핑과 함께하는 삶을 선택하신 가장 큰 이유는 무엇일까요?

자유로움을 찾고 싶었던 것 같아요. 학생 때부터 여행을 좋아했어요. 군대에서도 물론 여행 다닐 수 있지만 제약이 많이 따르기 때문에 그런 것에서 좀 더 해방되고 싶었어요. 서핑을 알게 되면서 제가 알던 세계보다 더 큰 세계를 알게 되니까 그때부터는 원래 하던 일을 그대로 할 수가 없을 것 같더라고요.

5. '더 큰 세상'이라는 걸 조금 더 설명해 주시겠어요?

군인으로 있던 시절에는 늘 만나던 사람들만 만나고, 일상적인 패턴의 연속이었죠. 아침에 출근하고 저녁에 퇴근하고 밥 먹고 자고, 이런 식의 누구나 똑같은 일상적인 패턴이요. 그런데 서핑을 시작한 후로는 예상치 못하는 일들이 많이 생기는 거 같아요. 반복적인 패턴의 연속이었던 권태로운 일상에서 벗어나 서핑은 예상하지 못한 일들로 저에게 해방감을 준거 같아요.

6. 서핑 트립을 많이 가시는 걸로 아는데 가장 인상 깊었던 곳은 어디인가요?

두 군데를 꼽고 싶어요. 제가 한국에서 서핑을 하면서 가장 행복했던 지역은 제주도입니다. 중문에서 서핑을 할 때 가장 큰 행복감을 느꼈고 마치 꿈같았던 여름을 보내서 가장 기억에 남습니다. 두 번째는 캘리포니아입니다. 미국의 앞선 서핑 문화 그리고 사람들의 바이브 이런 것들이 한국이나 발리에서는 느껴보지 못했던 '서핑 문화란 무엇인가!'라는 고민과 여러가지 영감을 받게 된 것 같아요.

-아까 말한 '더 큰 세상을 좀 알게 됐다'라는게 캘리포니아 서핑 트립이었던 것 같네요.

네, 맞습니다.

7. 캘리포니아에서 서핑 문화를 선진 문화라고 생각했던 것은 무엇 때문인가요?

사람들이 좀 더 여유롭다고 할까요. 한국은 주말 서퍼들이 많고, 좋은 파도가 들어오는 날도 많지 않아서 그런지 좀 더 치열해요. 역사적으로 한국사람들이 뭐든 열심히 하잖아요. 열심히 한다는 건 좋은 거지만, 바다에선 좀 얘기가 달라지는 것 같아요. 파도를 욕심내면 사고가 나거든요 자연에선 욕심내면 위험해요. 사실 어딜 가도 파도 경쟁이 있지만, 캘리포니아는 좀 더 즐기는 문화랄까요. 좋은 파도를 매일 탈 수 있으니 치열할 필요가 없어서 그런 거 같기도 해요.(웃음) 그리고 제가 빵이랑 커피를 정말 좋아하거든요. 서핑 전 먹었던 도넛이 정말 인상적이었어요.

8. 일본 서핑 트립도 이야기해 주세요. 파도는 어떠셨는지, 빵은 어떠셨는지?

2023년 10월에 처음으로 일본 이치노미아현과 치바현으로 서핑 트립을 다녀왔습니다. 일본 역시 엄청 바쁘게 서핑하지 않는 분위기인 것 같아요. 불행히도, 제가 갔던 10월이 파도가 좋은 시즌은 아니었어요. 다만, 매일 서핑을 할 수 있는 파도가 들어온다는 게 인상적이었습니다. 예를 들면 한국은 좋은 파도가 오는 날이 있지만, 안 좋은 파도 혹은 아예 서핑을 할 수 없는 정도의 파도라 서핑을 못하는 날도 많아요. 근데 일본은 좋지 않은 파도 라도 거의 매일 들어오다 보니까 그런 부분이 좀 더 좋았던 것 같아요. 매일 서핑하는 것이 서핑 실력을 키우는 데 중요하다 보니 일본에서 서핑을 하면 금방 늘 수 있을 것 같았습니다. 그리고 일본은 편의점만 가도 빵이 정말 맛있었어요!

반복적인 패턴의 연속이었던 권태했던 일상에서
서핑은 예상하지 못한 일들로
저에게 해방감을 준거 같아요.

9. 준수 님은 발리 와서프에서 저의 서핑 선생님으로 처음 만났잖아요! 발리의 서핑 스팟과 가볼만한 빵집 추천해 주세요!

발리는 1년 내내 서핑을 할 수 있는 스팟들이 있고 파도의 퀄리티도 굉장히 훌륭한 지역이라서 발리에서 서핑하는 동안 굉장히 많이 늘었어요. 근데 발리에 전 세계에서 서핑을 하러 온 외국인들이 많다 보니 조금 위험한 경우들도 많이 발생하곤 합니다. 한 파도를 같이 타다가 부딪힐 뻔하거나 보드가 날아간다거나 해서 위험한 경우들을 종종 봤어요. 이런 부분은 정말 조심해야 할 것 같아요. 특히 발리의 건기에는 큰 파도가 들어오는 시즌인데 서핑도 서핑이지만 프로 서퍼를 구경하기에도 좋아요. 또 발리는 호주 사람들이 많이 오다 보니 자연스럽게 호주의 카페 문화가 잘 정착된 곳이에요. 제가 가장 좋아하는 곳은 브라우드라는 곳이에요. 이곳은 브런치도 맛있지만, 아몬드 크로와상이 정말 맛있어요. 한번 가보시길 추천드려요.

*건기는 보통 4월 5월부터 10월에서 11월 초입니다.

서퍼준수의 발리에서 가장 좋았던 서핑 스팟과 빵집 리스트

· Keramas beach
라이트 브레이크가 정말 너무나 환상적으로 들어오고 프로들이 배럴을 타러 오는 스팟입니다. 너무 크지 않을 때 중급자들에게도 좋은 파도가 들어와요.

· Arouna
프랑스 제과점인데 디져트랑 빵이 정말 맛있어요!

· Braud cafe
아몬드 크로와상, 케이크, 브런치 하나같이 너무 맛있게 먹던 곳입니다

제가 빵이랑 커피를 정말 좋아하거든요.
서핑 전 먹었던 도넛이 정말 인상적이었어요.

10. 서핑하면서 가장 힘들었던 적 혹은 부상 당한 적이 있으신가요?

서핑하면서 누구나 다 똑같이 겪는 일이겠지만, 실력이 잘 늘지 않는다는 점이 굉장히 힘들었죠. 같은 걸 반복하려고 해도 파도의 환경이 다르고, 똑같은 파도는 절대 다시 오지 않으니까요. 연습이 힘든 운동인 것 같아요.
그러다 보니까 실력이 되게 더디게 느는 게 굉장히 큰 스트레스였던 것 같아요.

-서핑은 참 정직한 스포츠인 것 같아요.

사실 제가 서핑을 시작한 초반에 디스크가 터졌어요. 서핑하다 터진 건 아니었어요! 그런데도 불구하고 서핑이 너무 하고 싶어서 약 먹으면서 바다에 들어갔어요. 허리디스크 때문에 보드에 앉아 있지 못하니까 보드에서 내려와서 물속에 둥둥 떠 있거나 서핑이 끝나면 너무 아파서 그냥 집에 누워만 있거나 그랬던 적도 있고요. 서핑을 할 때는 아드레날린이 나와서 아프지 않으니까 계속했던 것 같아요.

-지금은 괜찮으세요?

여러가지 치료도 꾸준히 받아서 많이 좋아지긴 했지만, 무리하지 않으려고 해요. 최대한 조금씩 근육을 풀어주려고 노력하고 있어요. 스트레칭도 많이 하고요.

11. 서핑 강습도 종종 하고 계신데 부상당하지 않는 법, 주의할 점을 이야기해 주시면 감사하겠습니다!

서핑을 잘하려면 기본기가 가장 중요합니다. 테이크오프부터 라이딩을 하는 자세 그리고 시선이 중요한 역할을 하는데 처음부터 너무 급하게 진도를 빼려고 하다 보면 기본기가 많이 무너지는 걸 종종 봅니다. 차근차근 기본기를 연습하는 게 좋아요. 기본기 없이 몇 년 뒤에 자세를 고치려고 하면 굉장히 어려워질 수 있기 때문에 처음에 서핑을 하신다면 급하게 생각하지 말고 기본기를 꾸준히 연습해 주는 것도 큰 도움이 되실 거예요.

12. 이야기를 듣다 보니 준수 님은 서핑하고 빵만 있으면 행복한 사람인 것 같아요. 그리고 굉장히 호기심이 많은 탐험가 같다는 생각이 들어요. 앞으로 준수 님의 꿈은 무엇인가요?

네. 저는 어릴 적부터 호기심이 많은 편이었어요. 영상으로만 보던 파도들을 언젠가 한번 꼭 타보고 싶다는 생각을 계속해왔던 것 같아요. 제가 빵을 좋아해서, 좀 더 맛있는 빵을 먹어보고싶고요. 더 좋은 파도를 찾아서 이곳저곳 돌아다녀 보고 싶어요. 아직 안 가본 아프리카 지역도 가보고 싶어요 예를 들면, Namibia의 Skeleton bay, 남아프리카 공화국의 J-bay를 제일 가 보고 싶어요. 그리고 모로코, 스페인도 굉장히 파도가 좋다고 하더라고요. 인도네시아에도 많은 섬이 있는데 발리를 제외하고는 가본 적이 없어서 더 많은 파도를 타기 위해서 더 많이 돌아다니고 싶어요. 브런치로 유명한 호주도 가보고 싶고요.

같은 걸 반복하려고 해도 파도의 환경이 다르고,
똑같은 파도는 다시 오지 않으니까요.

BETTER THAN SURF CREW
HYUNG SUK CHOI

대기업 '마케터'에서 '모델'로 성공적으로 데뷔한
형석의 강원도 서핑 라이프스타일과
배러댄서프 데드쿡스의 라이더로서의 성장 스토리

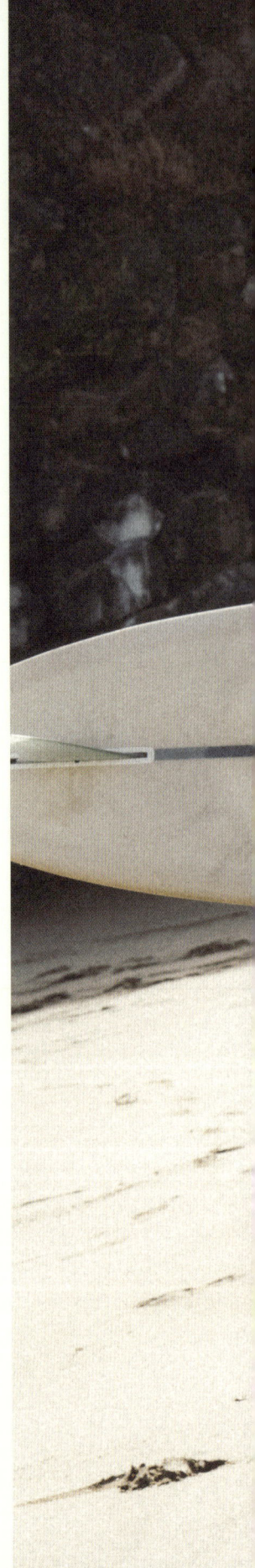

Photos by SUNGWOOK PARK

안녕하세요. 마케터에서 모델로 성공적 전업을 하신 서핑하는 모델 형석 님! 배러댄서프 크루의 롱보더로서 양양 갯마을에서 서핑 라이프 스타일을 살아가고 계신데요.

1. 자기소개 부탁드립니다.

안녕하세요! 양양에 살면서 모델 일이 있을 때 서울에서 활동하고 있는 최형석이라고 합니다.
뵙게 돼서 반갑습니다!

2. 양양의 파도는 어떤지요? 가을부터 겨울까지 강원도 파도가 꽤 좋다고 들었어요.

네, 9월부터 가을 파도가 잘 들어와서 너무 좋았어요.
지난 한 달 반 정도는 저같은 (초보)롱보더가 타기에 적합한 파도가 들어와서 감사하게 생각하고 정말 열심히 탔어요.

3. 양양의 파도가 어떤지 설명 해주실 수 있나요?

겨울부터 봄까지 좋은 걸로 알고 있어요.
북동 스웰이 쭉 들어오는데 그때는 힘이 좋고, 파도 컬도 서고 피리어드도 잘 나오고… 발리의 꾸따나 짱구, 제주도랑은 당연히 비교가 안되겠지만 그래도 한 5~9초까지 나오는 경우가 더러 있는 걸로 알고 있어요. 사실 작년 겨울에 파도가 많이 없었고, 여름까지 많이 없다가 가을부터 파도가 잘 들어오고 있어요. 파도를 이렇게 자세히 설명해도 되나요? 요즘 제가 타기 좋은 파도가 들어오는 것 같아요.
저는 0.7~1.2미터 사이즈에 피리어드는 6~7초 나오는 파도를 제일 좋아해요. 이런 파도에서는 기술도 할 수 있고 여유도 가질 수 있어요. 해변마다 다르겠지만 스웰을 잘 받는다면 물치나 남애 3리 이런 데가 컬은 잘 서고 또 브레이크는 바로 깨지지 않는 파도이다 보니 무거운 9피트 이상의 보드를 타는 저한테 딱 좋은 것 같아요.

4. 데드쿡스 라이더로 활동하고 있는데, 데드쿡스 보드는 본인과 잘 맞나요?

너무 좋아요. 사실 발리에서 구매했던 보드가 하나 더 있었는데 이번에 데드쿡스를 타면서 처분했어요.
사실 데드쿡스가 발리에서 샀던 보드랑 똑같은 스펙이거든요.
9'6" x 23 1/8 x 3 정도였는데, 글라싱의 무게감 때문인지 아니면 쉐이핑의 차이점 때문인지 제 몸에 너무 딱 잘 맞아서 주변 사람들도, 저한테 딱 맞는 보드인 것 같다고 하시고요. 저도 그것 때문에 많이 늘고 있는 것 같아서 감사하게 생각하고 잘 타고 있습니다.

-요즘 서핑 사진이 엄청 멋있게 잘 나오더라고요!

네. 어떤 멋진 분께서 찍어 주셨더라고요. 감사하게도 선물처럼 받았어요. 운이 좋았죠!

5. 좋아하는 서핑 스폿은 어디인가요? 양양에서 롱보더로서 좋아하는 서핑 스폿과 주의할 점, 조언해 주실 수 있나요?

제가 잘 타는 사람은 아니지만 강원도에 사는 서퍼의 입장에서 물치나 남애 3리를 추천드리는 편이에요!
두 해변 다 리프 포인트가 아니다보니 크게 위험하지 않지만, 조심했으면 하는 점이 있어요. 예를 들어 남애 3리 해변의 경우에는 브레이크가 다른 해변들 보다 조금 빠르기 때문에 파도가 작을 때 쇼어 쪽에서 라이딩한다면, 어디서 테이크오프를 할지 미리 생각을 해두는 편이 좋아요. 쇼어에서는 수심이 얕아서 더러 위험할 때가 몇 번 있었거든요. 잘못된 테이크오프 했을 때 다리나 팔로 착지하면 그냥 바로 지면에 닿는 경우가 많아서 조심하면 좋을 것 같아요.
물치 해변은 동쪽으로 스웰이 크게 들어올 때, 상대적으로 깔끔하고 느리게 파도가 만들어져서 재작년부터 많이 찾는 해변인 것 같아요. 다만, 그렇게 파도가 클 때 초보자분들이 오시면 방파제 쪽 이안류에 계속 빨려나가는 경우가 있다고 들었어요. 제 주변에도 초보 때 계속 망망대해로 빨려나가서 당황하신 분들이 있고요. 그래서 만약 큰 파도에 물치 해변을 택하신다면, 조류 흐름을 잘 보고 라인업 위치를 잡으면 좋을 것 같아요. 또, 물치는 한 번 사람이 몰리면 못해도 50명, 70명까지도 몰리는 곳이라 앞 쪽에서 라인업을

제일 좋은 건, 원할 때 서핑할 수 있는 것
그리고 집 앞에 바다가 있는 것
그리고 좀 더 느리게 살 수 있는 것!

'그럼 회사를 다닐 때는 그런 고민을 안 했는가'라고
자문한다면, 그건 아니었어요.
회사에 있을 때에도 당장 다음 달에 있을 프로젝트 상하반기에
있는 평가, 이런 걸 걱정하면서 살았거든요. 굳이 밥 벌어먹을
고민을 한다면 지금처럼 나만의 것을 어떻게 더 잘할까를
이런 걸 고민하는 게 좀 더 긍정적인 것 같다고 생각해요.

잡기도하고 뒤쪽(등대쪽)에 라인업을 잡는 분들이 동시에 있을 때도 있어요. 이런 경우에는 세트에 다 같이
와이프아웃되었다가 다치지 않게 조심해야할 것 같아요.
저도 예전에 그렇게 부딪힌 적이 많아서 꼭 타기 전과 타고 나서 앞이나 인사이드에 사람이 있는지 확인하면서
로테이션을 하려고 노력합니다.
아! 그리고 올해 여름엔 갯마을에 3미터 짜리 상어가 나왔다고 하더라고요. 수온이 높아져서 그렇다고
하는데, 앞으로는 상어도 조심해야 할 것 같아요.

6. 좋아하는 서퍼가 있으신가요? 좋아하는 서핑 스타일은?

데본 하워드랑 타일러 워렌 좋아해요.
조엘 튜더나 월드 클래스에 있는 그런 분들, CJ넬슨 다 좋아하는데, 최근에 저널 봤을 때 이호태우의 사쿠 님
이야기 중 "잘 타는 사람은 많은데 멋있게 타는 사람은 적다"라고 하신 부분이 공감갔었거든요. 저는 '어떻게
저런 바이브가 나올까'하는 라이딩을 하고 싶어요. 화려하고 멋진 기술을 잘하는것도 물론 중요하지만,
싱글핀 바이브로 타는 서퍼들을 좋아해요.
데본 하워드의 경우도 물 밖으로 나오면 배 나온 아저씨같고 타일러 워랜도 밖에서 보면 다른 일할 것
같은 느낌인데 파도 위에서 보면 정말 멋있거든요. 서핑하는 모습이 큰 힘을 들이지 않고 마치 물 위에서
유영하듯이 부드러웠는데 그런 부분이 감명깊었던 것 같아요.또 말씀드린 서퍼분들은 한 보드에 국한되지
않고 미드랭스, 펀보드 이런 것도 타시는데 그런 자기만의 스타일이 있는 서퍼들을 좋아하고 열심히 보게
되는 것 같아요.

7. 서울에서 직장 생활을 하다가 서핑 라이프를 즐기기 위해 양양으로 이주 후 원하는 라이프 스타일을 즐기고 계신데 장단점은?

명확한 것 같아요!
여기 내려와서 지내는 것 중에 제일 좋은 건, 원할 때 서핑할 수 있는 거 그리고 집 앞에 바다가 있는 거 그리고
좀 더 느리게 살 수 있는 거! 근데 단점은 반대로 고정적인 급여가 없다 보니 일에 대한 고민을 계속해야 하는
거, 안정적인 느낌이 좀 떨어지는 거 그리고 어떤 걸 해야 할지 계속 고민해야 하는 거, 예를 들어서 모델 일을
한다고 하거나 SNS를 통해서 인플루언서가 되겠다고 해도 플랫폼도 계속 변하고 다양해지잖아요?
이렇게 시대도 변하고 환경도 계속 바뀌니까, 유튜브를 해야 될 수도 있고 마켓을 열어야 될 수도 있고 사업을
해야 될 수도 있고 이런 식으로 계속 생각이 바뀌는 것 같아요.
그런 것처럼 고민을 계속 해야 하는 게 머리가 좀 아픈 게 있어요. 하지만, '그럼 회사를 다닐 때는 그런
고민을 안 했는가'라고 자문한다면, 그건 아니었어요. 회사에서 있을 때에도 당장 다음 달에 있을 프로젝트,
상하반기에 있는 평가, 이런 걸 걱정하면서 살았거든요. 굳이 밥 벌어먹을 고민을 한다면 지금처럼 나만의
것을 어떻게 더 잘할까를 이런 걸 고민하는 게 좀 더 긍정적인 것 같아요.
사실 양양에 온 뒤 벌이가 직장에 있을때보단 좋지 않고, 고정적이지 않기 때문에 불안할 수 있는데 전
그럼에도 불구하고 지금이 더 행복한 것 같아요. 가끔 회사를 그만둔 것을 '후회를 한 적이 있는가'라고
자문한다면 좋은 선택이라고 자부하고요.

8. 비슷한 질문인데, 서핑 라이프 스타일을 위해서 디지털노마드로서의 삶을 선택하셨는데 만족하고 계신가요?

네, 만족하고 있고 행복합니다.

즐길 수 있을 만큼 잘 타고 싶어요.
제가 파도 탈 때 엄청 욕심내서 타는 스타일이 아니라서요.
저부터 로테이션하고 같이 웃으면서 타는 게 제일 좋거든요.
행복하게 타려면, 즐길 수 있는 만큼의 레벨이 되어야 하더라고요.
그래서 열심히 타보려고 합니다.

9. 서핑 트립 다니면서 가장 기억에 남는 스폿은 어디인가요?

파도가 좋은 곳은 다 가려고 노력하는데 그럼에도 너무 먼 곳은 못 가겠더라고요.
저는 주문진에 사니까 남애 3리, 물치, 기사문, 죽도, 인구 이렇게 위쪽에 있는 해변을 선호해요. 아! 최근에 금진해변도 갔었는데 좋더라고요. 그리고 부산에 다대포랑 제주도에 중문! 너무 좋고 재밌었어요.
역시 국내에 가장 기억에 남는 스폿은 제주 중문해수욕장이었던 것 같아요. 발리 캠프에서 파도에 대해 배웠을 때, 서퍼를 내려주는 파도가 있고, 올려주는 파도가 있다고 했는데, 딱 중문이 그런 올려주는 깔끔한 파도였거든요! 올해 배러댄서프팀에게 데드쿡스를 처음 받고 중문에서 탈 때 너무 기분이 좋고 재밌었던 것 같아요.
개인적으로 꼭 가보고 싶은 국내 포인트는 포항이에요. 제가 인스타그램으로 염탐하는 남자 서퍼분이 계신데 그 분이 포항에서 샵을 하시면서 영상을 자주 올리시더라고요. 너무 잘 타시고, 파도도 좋아보여서 가보고 싶어요. 외국으로 가보고 싶은 서핑 트립은 미국 서부 쪽 꼭 가보고 싶어요. 주변 지인분들도 서쪽 라인을 쭉 따라서 갔다가 말리부 갔다가 하는 서핑 트립을 추천 해주시더라고요. 서핑 샵들도 많고 구경할 것도 많고 워낙 예쁜 해변도 많아서 너무 좋을 것 같아요.

10. 서핑을 잘하기 위해 지키시는 데일리 루틴 같은 게 있으신가요?

발리에서 제가 하루에 6시간씩 연습을 했거든요.
아침에 일어나서 30분 테이크오프 연습을 하고 포인트 갔다 와서 리뷰 듣고 점심 간단하게 먹고 커피 먹고 다음에 한 2-3시간씩 지상에서 테이크오프랑 워킹 연습하고 자기 전에 또 더 연습하고 그랬는데 오히려 너무 열심히 하니까 슬럼프가 오더라고요. 그때 발리 현지 인스트럭터가 조언해 줄, 너무 연습을 많이 해도 실력에 안 좋다, 그럴 땐 영상을 많이 보면서 이미지 트레이닝을 해보라고 조언을 해줘서 서핑하기 전이나 하고 나서 영상을 많이 보기 시작했어요. 물론 기본적인 몸 관리는 당연히 해야되지만요.
노바디 서프에 올라오는 멋진 롱보더 분들이 타는 것을 보면서 어떻게 저렇게 탈까? 고민을 많이하는 것 같아요. 가능하다면 영상 리뷰도 하고, 무엇보다 6시간 지켜서 연습하고 그런 것보다는 정말 즐겁게 할 수 있는 정도로 하는 게 맞는 거 같아요.

11. 앞으로 서퍼로서 인간 형석 님의 꿈은?

즐길 수 있을 만큼 잘 타고 싶어요. 제가 파도 탈 때 엄청 욕심내서 타는 스타일이 아니라서요.
저부터 로테이션하고 같이 웃으면서 타는 게 제일 좋거든요. 근데 그렇게 행복하게 타려면, 정말 즐길 수 있는 만큼의 레벨이 되어야 하더라고요. 그래서 열심히 타보려고 합니다. 제 실력을 과시하기보다는 다 같이 웃으면서 서퍼로 인정받으면서 타는 걸 꿈꾸고 있어요. 개인으로는 제 영향력을 넓히는 게 목표예요. 스스로 PR을 해야 하는 입장이라 그냥 모델이 아니라 서핑을 하는 모델하면 1순위로 떠오르는 모델이 되었으면 합니다.

-이미 그렇습니다! (웃음)

WAY

BETTER THAN SURF CREW
HYERIM

**윤슬처럼 빛나는 미소를 가진 서퍼 혜림
요가와 서핑이 함께 하는 라이프 스타일에 대한 이야기
그리고 그녀의 플레이리스트와 취향,
그녀가 추천하는 서핑 트립 푸드까지**

Photo by SUNGWOOK PARK

서핑은 그냥 너무 행복해요. 또 행복에 대한 감사함을
느낄 때가 많아요. 서핑하러 가는 길, 입수할 때, 파도를
기다릴 때, 자연 안에서 그 풍경을 바라보고 있는
것만으로도 너무 행복하고 그 행복에 감사함을 느낍니다.
서핑을 하면 아주 소소한 것에 행복을 느끼게 되고,
일상에서도 작은 것에 감사하게 되는 것 같아요.

1. 안녕하세요 혜림 님. SNS를 통해서 사진으로 뵙다가 이렇게 직접 만나게 되어 정말 반갑네요. 요가면 요가, 서핑이면 서핑, 혜림 님을 생각하면 활동적인 움직임을 빼놓을 수 없을 것 같아요. 특별히 혜림 님의 아침을 깨우는 데일리 루틴도 궁금한데요. 매일 아침 꼭 하시는 운동이나 활동이 있으신가요?

아침에 일어나 따뜻한 물을 한 잔 마신 후, 곧바로 파도를 체크하러 해변으로 나가요. 만약 그날 파도가 없다면 러닝을 하며 하루를 시작해요. 러닝을 마친 후에는 요가를 통해 몸과 마음을 차분하게 가다듬으며 하루의 긍정적인 에너지를 채워요. 이 루틴이 저의 하루를 더 에너지 넘치게 만들어 주는 것 같아요!

2. 처음 요가와 서핑을 하게 된 시기와 이유는 무엇인가요?

2018년에 친구 따라 처음 서핑을 하게 되었어요. 평소에 운동을 자주 하고 자연에서 다이빙이나 하이킹 같은 활동을 즐기다 보니 서핑에도 큰 관심이 갔어요! 그런데 서핑은 생각보다 훨씬 어려워서 좀 당황스러웠어요. 몇 달 뒤, 이직을 준비하면서 발리로 여행을 갔는데, 거기서 서핑에 푹 빠져서 본격적으로 시작하게 되었어요. 서핑을 하며 요가도 함께 시작했는데, 요가가 서핑에서 균형 감각을 높이고 바른 자세를 잡는데 큰 도움이 됐어요.

3. 일상 속에서 요가와 서핑이 주는 의미는 무엇인가요?

요가와 서핑은 이제 제 삶의 일부이자 큰 의미를 가지고 있어요. 서핑은 늘 이루 말할 수 없는 행복을 주고, 파도를 기다리면서 자연 속에 있는 것만으로도 큰 감사함을 느껴요. 그리고 요가는 몸과 마음의 균형을 잡아주면서 서핑 중 힘든 순간들을 더 잘 이겨낼 수 있게 해 줘요. 두 활동 모두 제가 일상의 작은 것들에 감사하게 만들고, 진심으로 모든 것에 감사하는 마음을 길러주는 것 같아요.

4. 반짝이는 윤슬 위에 서핑하는 영상이 너무 인상적이에요. 웻슈트가 아닌 수영복을 입고 서핑할 때 장점이나 차이점이 있나요? 서핑을 위한 수영복을 고를 때 특히 신경 쓰는 부분이 있나요?

수영복을 입으면 어깨 움직임이 훨씬 자유로워서 수영복을 더 선호하는 편이에요. 하지만 슈트는 몸을 보호해 주는 역할이 있어서 필요할 때가 있죠. 서핑할 때 좋은 수영복은 무엇보다도 몸에 편하게 잘 맞아야 하고, 가슴 부분을 잘 지탱해 주는 수영복을 입으면 서핑에 더 집중할 수 있어요. 저는 리젠 소재의 원피스 수영복을 선호하는데, 이 소재는 친환경적이기도 해서 더 좋은 것 같아요!

5. 휴식이 필요할 때, 특별히 하시는 루틴이 있나요?

저는 휴식이 필요할 때 맛있는 커피와 빵을 사서 해변에 나가 태닝을 즐기며 쉬는 것을 좋아해요. 빵순이거든요. 때로는 산으로 가서 하이킹을 하며 맑은 공기를 마시기도 해요.

6. 제주에서 거주하시면서 찾게 된 나만의 비밀 힐링 장소가 있나요?

중산간 쪽으로 드라이브를 하다 보면 작은 카페들을 만날 수 있어요. 이제는 시크릿 스팟이 거의 없어진 것 같지만, 곽지의 한남해변이나 김녕해변을 평일에 가면 조용히 힐링할 수 있는 곳들이 아직 남아 있어요.

남들에게 보여주기 위한 서핑이 아니라,
서핑과 함께하는 소소한 일상에서
느끼는 행복감, 그리고 욕심부리지 않는
삶에 대해 다시 생각하게 되었어요.

7. 제주에서 거주하게 된 계기도 궁금해요.

오롯이 서핑 때문이에요. 여름에 파도가 제일 좋은 곳이 중문이라서 왔어요!

8. 최근 혜림 님을 가장 설레게 만들었던 장소와 추억은 무엇인가요?

캘리포니아! 서핑을 하면서 그동안 간접적으로 경험했던 '라이프 스타일'에 대해 캘리포니아 로컬 서퍼들의 모습을 통해 많은 것을 배우고 영감을 얻었어요. 예를 들어, 서핑을 대하는 태도 같은 것들이요. 서핑이 그들의 삶에 자연스럽게 녹아든 모습을 보면서, 내가 원했던 게 단순히 서핑이 아니라 서핑과 함께하는 '라이프 스타일'이었다는 걸 깨달았어요.

제 꿈이 할머니가 되었을 때도 서핑을 하는 거거든요. 그래서 캘리포니아에서 할아버지, 할머니 서퍼들을 보며 너무 설레었어요. 남들에게 보여주기 위한 서핑이 아니라, 서핑과 함께하는 소소한 일상에서 느끼는 행복감, 그리고 욕심부리지 않는 삶에 대해 다시 생각하게 되었어요. 그곳에서의 경험은 제 인생의 방향성을 다짐하게 만든 계기이자, 의미 있는 추억의 장소로 남아 있어요.

9. 불안하거나 두렵진 않으셨어요? 사실 누구나 바라는 삶이지만, 다짐하고 행동에 옮기는 건 쉽지 않잖아요.

사실 아직도 두렵고 불안한 부분이 있어요. 이게 과연 맞는 선택인지 고민도 되고, 돈을 더 모아야 한다는 생각도 들죠. 남들은 직장을 다니며 안정적으로 살아가는데, 저는 번 돈의 대부분을 항공권에 쓰고 있으니까요. 하지만 그럼에도 불구하고, 서핑을 하면서 느끼는 즐거움과 소소한 행복에 집중하니 제가 원하던 삶으로 걸어가고 있는 걸 느끼고, 원하는 걸 이루어 가고 있어요. 배러댄서프의 키워드인 'Delight Beyond Fear'에 정말 공감했어요. 소소한 행복이나 작은 기쁨에 집중하다 보면 내 주변의 MZ세대나 사회 초년생들이 느낄 두려움과 불안함이 점점 사라지고, 그 자리에 도전할 용기가 생겨나는 것 같아요. 서핑도 그런 면에서 비슷하다고 느껴요. 두렵고 불안한 순간들을 지나고 나면, 그 뒤에 더 큰 즐거움과 성장이 기다리고 있는 것처럼요.

−저희의 'Delight Beyond Fear'를 정말 멋지게 해석해 주셨네요! 너무 감사해요. 배러댄서프는 더욱더 혜림님의 꿈을 응원합니다! 올해도 저희 배러댄서프 크루로서 왕성한 활동 부탁드려요!

10. 서퍼로서 여름이 아닌 계절에는 조금 무력해질 수 있을 것 같아요. 그런 때에는 어떻게 해소하시나요?

저는 파도를 찾아 해외로 떠나는 편이에요. 한국에 있을 때도 제주를 떠나 다른 지역의 파도를 찾아다녀요. 그렇게 바쁘게 지내다 보면 무기력할 시간이 없어요.

11. 스케이트 보드와 서프 보드 어떻게 다른가요?

서프 보드는 바다에서 타기 때문에 더 안전한 느낌이랄까요? 전 스케이트 보드를 타면 꼭 다쳐요. 다치면 서핑을 하지 못하기 때문에 스케이트 보드를 잘 타진 않는데 가끔 턴 연습을 하고 싶을 때나 파도가 정말 없을 때 스케이트 보드를 탑니다.

12. 제주 외에 추천할 만한 서핑 여행지는 어디인가요?

너무 많지만 진정한 서핑 라이프 스타일을 느껴보고 싶으면, 캘리포니아, 호주를 추천합니다!

13. 평상시 즐겨 듣는 플레이리스트가 있나요?

인디음악을 좋아해요, 검정치마, 너드커넥션, 강호달림... 레트로풍의 조용한 음악을 좋아하는 편이에요.

14. 내가 생각하는 서핑, 혹은 여름을 대신 표현해 주는 음악 한 곡만 고른다면 무엇이 있을까요?

The Beach Boys의 Suffin U.S.A.

15. 가장 좋아하는 영화는 무엇인가요?

모아나!

> 소소한 행복이나 작은 기쁨에 집중하다보면
> 내 주변의 MZ세대나 사회 초년생들이 느낄
> 두려움과 불안함이 점점 사라지고,
> 그 자리에 도전할 용기가 생겨나는 것 같아요.
> 서핑도 그런 면에서 비슷하다고 느껴요.
> 두렵고 불안한 순간들을 지나고 나면,
> 그 뒤에 더 큰 즐거움과 성장이 기다리고 있는 것처럼요.

YOGA FOR SURF; BEND, BREATHE & FLOW

Class by Hyerim

나무 자세
Tree Pose

나무 자세는 서핑할 때 필요한 균형과 집중력을 기르는 데 아주 유용해요.
보드 위에서 중심을 잡는 것이 중요하기 때문에, 이 자세를 연습하면서
다리와 코어의 힘을 키우고 균형감을 향상시킬 수 있어요. 한 발로 서서
몸을 지탱하는 동안 얻는 집중력 덕분에, 파도 위에서도 정신을 더 차분하게
유지할 수 있죠.

우스트라사나
Ustrasana

서핑을 하다 보면 척추가 경직되기 쉬운데, 우스트라사나를 통해 유연성을 크게 개선할 수 있어요. 특히, 패들링 후에 이 자세를 하면 가슴과 어깨를 열어주어 호흡이 더 깊어지고, 상체의 긴장을 풀어줘요. 낙타 자세를 꾸준히 연습하면, 서핑 중에 몸이 더 유연해지고, 긴 시간 동안 파도 위에서 안정감을 유지할 수 있습니다.

트리코나아사나
Utthita Trikonasana

영어로 하면 트라이앵글 포즈 서핑할 때 필수적인 유연성과 균형감을 길러줘요. 이 자세를 통해 햄스트링과 옆구리를 충분히 스트레칭할 수 있어, 보드 위에서 몸을 움직일 때 더 자유롭고 안정적이게 느껴져요. 또한, 상체를 열어주기 때문에 패들링할 때의 자세도 개선됩니다. 서핑 중 몸의 회전과 전반적인 균형을 잡는 데 트라이앵글 포즈만큼 좋은 자세가 없다고 생각해요.

부장가아사나
Bhujangasana

부장가 아사나 또는 코브라 자세는 서핑 중 반복적인 패들링으로 어깨가 경직될 수 있는데, 어깨와 상체를 확장시켜 유연성을 높여주고 등근육을 강화하여 푸시 동작시 체중을 지탱하는 힘을 기르고, 척추를 스트레칭해 요통이나 긴장을 완화시킬 수 있어요.

에카파다라자카포타사나
Eka Pada Rajakapotasana

영어로 하면 피죤 포즈, 서핑을 하다 보면 보드 위에 앉아 있는 시간이 많아 고관절이 굳기 쉬워요. 피죤 포즈는 고관절과 엉덩이의 유연성을 높이는 데 매우 효과적이에요. 이 자세를 꾸준히 하면 고관절의 긴장을 풀고, 서핑 중 하체의 안정성을 강화할 수 있어요.

시르사아사나
Shirshasana

머리서기 자세로, 요가에서 "자세의 왕"으로 불릴 만큼 중요한 동작이에요. 이 자세는 머리로 몸을 지탱하며 거꾸로 서는 자세로 코어 근육을 강화하고 균형감을 높여 파도 위에서 안정감을 유지할 수 있게 해 줍니다. 또한, 두려움을 극복하고 집중력을 키우는 데도 효과적이죠. 꾸준히 연습하면 파도에서 빠르게 반응하고, 중심을 잘 잡을 수 있게 됩니다.

요가와 서핑은 이제 제 삶의 일부이자 큰 의미를 가지고 있어요.
서핑은 늘 이루 말할 수 없는 행복을 주고, 파도를 기다리면서
자연 속에 있는 것만으로도 큰 감사함을 느껴요.
그리고 요가는 몸과 마음의 균형을 잡아주면서
서핑 중 힘든 순간들을 더 잘 이겨낼 수 있게 해 줘요.
두 활동 모두 제가 일상의 작은 것들에 감사하게 만들고,
진심으로 모든 것에 감사하는 마음을 길러주는 것 같아요.

다운독
Downward Dog

다운독 자세는 어깨와 코어 근력을
강화하고 전신의 유연성을 높여주는
동작이에요. 하체의 긴장을 풀어
서핑 동작을 부드럽고 효과적으로
할 수 있게 도와주며 균형을 잡고
체중을 효율적으로 이동시키며,
코어 강화를 통해 파도 위에서
안정감있는 라이딩을 할 수 있어요.

YOGA FOR SURF

JOURNAL

NAYEON & JUWON

나연과 주원의
자연과 도시의 균형잡힌 삶
서핑과 문화, 취향과 공간이 만들어내는
스토리를 소개합니다

직업상 해외 출장이 잦은 편인데 각국에 머물면서 조금씩 모은 소품, 좋았던 전시 티켓 등 다양한 시간들이 모여 이 공간이 되었죠.

1. 공간이 너무 멋져요. 초대해 주셔서 감사합니다.
구석구석 주원 님의 손길이 닿은 게 느껴지는데요.
이 공간은 어떤 과정을 통해 만들어졌나요?
집 안에서 특별히 애착이 가는 포인트 장소가 있나요?

주원-오랜 시간 쌓아온 취향과 공간에 대한 생각이 반영되었어요. 직업상 해외 출장이 잦은 편인데 각국에 머물면서 조금씩 모은 소품, 좋았던 전시 티켓 등 다양한 시간들이 모여 이 공간이 되었죠. 거실 공간에 가장 많이 애착이 가는데, 가장 많은 시간을 보내기 때문인 것 같아요. 붙박이 소파도 직접 설계해서 이 공간에 맞게 맞춤제작 했고, 하이파이 빈티지 스피커를 힘들게 구해서 크기에 맞는 장도 제작했어요. 테라스 공간도 원래는 없었던 공간인데, 실내인 듯 실외인듯한 공간을 만들고 싶었어요. 그래서 거실과 차이를 두기 위해 바닥도 타일을 직접 올리고, 천장도 더 높였죠. 바깥 전경도 좋아서 밤에 야경을 즐기기도 해요.

2. 집에서 재택근무를 하신다고 들었어요. 사실 집에서 일을 한다는 게 쉽지 않은데 어떻게 구분해서 생활하시나요?

주원- 처음에는 따로 방을 만들지 않고 거실이 넓으니까 거실에서 일을 했어요. 그런데 일과 일상 구분이 안 되더라고요. 거실에서 밥도 먹고, 일도 하니까 안 되겠다 싶어서 방으로 들어갔어요. 그냥 딱 일만 하기 좋게 만들어놔서 집중도도 올라가고 방에 들어갔다가 나왔다가 하면서 모드를 바꾸곤 해요.

3. 최근에 다녀오신 발리 여행이 너무 좋아 보여요. 특별히 발리 여행을 가게 된 계기가 있으신가요?

주원-지난 2020년에 발리에 처음 갔어요. 코로나 때였죠, 마침 파리 출장을 갔다가 한국에 못 가게 된 거예요. 그래서 발리로 즉흥적으로 갔죠. 그때 서핑을 너무 배우고 싶었는데, 마침 서핑스쿨이 숙소랑 같이 결제하면 합리적인 금액으로 갈 수 있더라고요. 그때 '좋은 추억을 품고 언젠가 또 오고 싶다. 여자친구랑 같이 왔으면 좋겠다.'라고 막연하게 생각했었는데 이번에 가게 된 거예요.

나연-저희는 이번 발리 여행을 서핑 레벨 업을 하고 싶다는 생각으로 갔어요. 왜냐하면 한국에서는 매주 가서 탈 수 있는 여건이 안 되었거든요. 발리의 서핑 스쿨을 등록해서 아침 4시 반, 5시에 일어나 서핑을 갔다가, 점심 때부터 여행을 했어요. 맛집도 가고, 카페도 가고.

4. 서핑 스쿨을 다닌 다음 실력이 많이 늘었나요?

나연-아직은 초보에 가까워서 눈에 띄게 많이 는 건 없는데, 그래도 전에 못 했던 자세를 해볼 수 있다거나 전반적으로 자연스러워진 것 같아요.

주원-서핑이 제가 해본 운동 중에 가장 어렵다고 생각해요. 이유는 좋은 파도에서 서핑을 할 수 있는 타이밍이 많지 않기 때문인데요, 좋은 파도가 있다고 해도 물이 너무 차갑거나, 사람이 너무 많거나, 바람이 많이 부는 등 제약이 많아요. 이번처럼 집중적으로 1년에 한두 번씩 서핑 여행을 가면 단기간에 실력을 많이 올릴 수 있어요.

5. 발리에서 서핑 스쿨 외에 정말 좋았던 순간이 있나요?

나연&주원-우붓

나연-숙소 안에만 있어도 너무 좋았어요. 계속 바다에 있다가 나무가 울창한 산속에 있으니까 좋더라고요. 그리고 유일하게 하루, 아침에 늦잠 잔 날도 좋았어요.

6. 서핑이 주는 변화가 있나요? 서핑을 시작하게 된 계기는 뭔가요?

주원-저는 서핑을 2007년에 시작했어요. 저한테 서핑은 수련을 하는 느낌이 들어요. 마치 요가를 하는 것처럼 서핑을 하면서 일종의 정신적인 수양도 같이 하는 느낌을 많이 받아요. 그래서 하면 할수록 더 좋고 평생 같이 가고 싶은 스포츠인 것 같아요.

나연-이전부터 관심은 있었는데 막상 시작하려고 하니까 바다도 찾아야 하고, 어떤 서핑샵을 가야 하는지, 이런 게 무지한 상태라 실천을 못했어요. 근데 주원 씨를 만나게 되고 같이 다니면서 입문하게 되었죠. 서핑하기 전에는 추위도 많이 타고 여름에 햇볕 아래 태닝하는 걸 잘 이해 못했어요. 그런데 이제 서핑 덕분에 여름을 즐기게 되었죠. 그리고 이번 발리 여행을 통해서 처음으로 서핑이 저에게 생각을 정리하는 시간을 준다는 걸 느꼈어요. 혼자 오롯이 나를 되돌아보는 그런 시간이요.

7. 발리에서 서울로 돌아왔을 때 아쉬웠을 것 같아요. 두 분은 서울에서 휴식이 필요하실 때, 어떻게 해소하시나요?

나연-저는 정말 집에서 푹 쉬어요. 하루 종일 정말 아무것도 안 하고 작정하고 쉰다는 느낌으로 가만히 있으려고 해요.

주원-저는 '모처럼 쉬는 날인데 이럴 수 없지' 싶어서 청소하고, 정리하고, 평소에 하고 싶었던 걸 미리 적어놓고 계획을 세워요. 책 읽기나 사진 정리 등… 다 하고 나면 뿌듯하죠.

저한테 서핑은 수련을 하는 느낌이 들어요.
혼자 오롯이 나를 되돌아보는 그런 시간이요.

8. 두 분의 SNS에 올라오는 피드들 속, 음악, 영화, 패션 등 예술적인 취향이 너무 인상적이에요. 일상 속에서 영감을 주는 것들이 무엇이라고 생각하시나요?

나연-예전부터 스스로 명확한 취향이 있다고 생각하지 않았는데, 이런 부분이 오히려 직접 콘텐츠를 제작하면서 큰 장점이 되는 것 같아요. 다양한 음악을 들으면서 '나중에 이런 부분에 적용해 봐야지' 하는 생각을 미리 머릿속에 그리고 저장해 두는 습관도 생겼어요. 음악을 통해 영상을 어떻게 만들면 좋을까 이런 상상도 많이 하는 편이에요.

주원-저는 경험에서 많이 영감을 받는 것 같아요. 스케일 큰 전시회나, 레스토랑에서 음식을 먹을 때도 레시피를 생각할 때가 있어요. 그리고 가장 많은 영감을 받는 때는 사람들을 만났을 때예요. 제가 직접 경험하고 몸을 계속 움직여서 느껴지는, 이러한 활동 속에서 영감을 받아요.

9. 나연 님의 유튜브 브이로그를 보면 정말 음식을 맛있게 드신다는 생각이 들어요. 두 분에게 특별히 힐링 푸드가 있으신가요?

주원-출장 다닐 때는 햄버거가 힐링 푸드였어요. 어디를 가든 전 세계에서 맛이 똑같은 게 햄버거더라고요. 힘들거나 지치는 날에 햄버거랑 와인을 마시는 게 힐링 타임이 됐었고, 한국에서는 그때그때 기분, 제철 음식 등에 따라서 달라지죠. 제가 좋아하는 음식은 먹었을 때 감사한 마음이 드는 음식이에요.

나연-어떤 음식을 하나 고르기보다 이것저것 먹는 걸 좋아해요. 그래서 뷔페를 주기적으로 가는 편이에요.

10. 여름이 다가올수록 음식 하기가 더 쉽지 않은 것 같아요. 혹시, 두 분이 추천하고 싶은 무더운 여름, 한가한 주말에 요리하기 좋은 추천 레시피가 있으실까요?

나연-제가 독일에서 오래 살았는데, 여름에 자주 가족들끼리 큰 볼에다 해 먹던 게 생각나요. 타코 샐러드거든요. 타코 재료를 층층이 큰 볼에 넣는 거예요. 그리고 국자로 퍼서 그냥 떠먹는 거죠. 간단해서 여름에 많이 먹었던 것 같아요. 왜냐면 여름에는 뜨거워서 불 앞에 있기가 힘들잖아요. 그러니까 최대한 불을 쓰지 않고 바로바로 재료를 잘라서 넣기만 하면 되는 샐러드가 좋더라고요.

JOURNAL

TAEYANG KIM

**중문의 서핑스쿨 'KIM SURF' 대표 태양의
패션스타일과 김서프의 운영 스토리
제주도에서 즐기는 서핑 라이프**

Photos by SANGBUM YOON

'우리가 재밌게 놀면 사람들도 우리랑 놀고 싶어 할 거야!'
였어요. 그래서 일을 떠나서 같이 고생하는 동료들과
재밌는 시간을 많이 보내려고 하고, 감사하게도 항상 좋은
친구들이 옆에 있어줘서 가능한 게 아닐까 싶어요.

1. 안녕하세요. 태양 님 제주도 중문, 서퍼라면 가장 부러워할 만한 장소 중문에서 워라밸 서핑 라이프를 즐기고 계시는데요. 우선 자기소개 부탁드릴께요.

안녕하세요. 제주도 중문에서 서핑스쿨 '김서프'를 운영하고 있는 김태양입니다.

2. 중문은 여전히 아름답지만 코로나 전과후의 분위기가 많이 바뀌었는데요. 조심스러운 질문이지만, 중문 요즘 분위기가 어떤가요?

중문의 올해 분위기는 영업적인 면에서는 '많이 조용했다'라고 할 수 있을 것 같아요. 코로나 이후 해외여행이 자유로워진 첫해이기도 하고, 중문뿐만이 아니라 요즘 제주도에 그런 이슈가 많잖아요. 관광객들 대상으로 과하게 장사를 하는 소수의 부도덕한 영업장들 때문에 제주의 이미지가 무너지면서 사람들의 발길이 좀 뜸했던 것 같아요. 관광산업에 종사하시는 모든 분들이 다 같이 반성의 시간을 갖는 계기가 되지 않았나 싶습니다. 그래서 저희는 찾아주시는 분들에게 어떻게 만족을 줄 수 있을까, 기본적인 책임감에 대해서 많이 생각하고 있어요. 그리고 내부적인 면에서는 항상 그렇듯이 즐겁게 지내려고 노력하고 있습니다. 저희가 하는 일이 사실 몸을 많이 써야 하기 때문에 여름에 정말 힘들거든요. 버틸 수 있는 원동력은 팀워크밖에 없다고 생각해서 최대한 동료들과 재밌게 시간을 보내려고 해요.

3. 서핑을 하게 된 계기와 서핑스쿨을 시작하게 된 계기가 무엇인가요?

솔직하게 말씀을 드리면, 처음에는 돈을 벌기 위해서 시작했던 거였어요. 좋은 기회로 중문에서 장사를 할 수 있게 됐는데 그 당시 전 잘 모르는 분야여서, '한번 제대로 배워보자!'라는 마음으로 발리에서 처음 서핑을 시작하게 된 거예요. 근데 이게 너무 재밌는 거예요. 그렇게 시작해서 지금까지 하고 있습니다.

4. 서핑이 일이 되면 재미가 없어진다는데 태양님도 그러신가요?

음, 서핑이라는 행위는 여전히 재미있어요. 파도를 타는 거요. 하지만 말씀하신 대로 이게 일이 되는 순간이 있어요. 예를 들어 파도가 큰 날에는 서퍼들이 신나서 바다로 나오잖아요? 저도 그런 날에는 서핑을 하고 싶은데 저희 손님들이 아직 바다에 있다거나 강습이 진행 중인 상황이라면 혹시 사고가 생기진 않을까 걱정이 돼서 서핑하기가 어려워요. 그래서 겨울에는 온전한 저의 시간을 위해 발리에서 머물기도 해요. 그리고 서핑이란 단어에서 파생되어 나오는 문화들 있잖아요. 패션일 수도 있고 음식일 수도 있고 또 음악이 될 수도 있죠. 저는 이 모든 게 즐거워요. 처음에는 파도를 타는 행위에 집중했다면 지금은 여러 가지 방면으로 이 라이프를 즐기려고 하고 있어요.

5. 서핑 문화에 대해서 이야기를 계속하게 되는데요. 김서프가 말하는 서핑 문화를 만들기 위한 김서프만의 팁 혹은 철학이 있나요?

서핑을 '배운다'보다 서핑 문화를 '즐긴다'를 만들기 위해 노력하고 있어요. 김서프는 서비스를 팔고 있다고 생각해요. 저는 저희를 찾아주시는 분들에게 '서핑을 전문적으로 가르쳐줘야지!'라는 책임감은 없어요. 왜냐하면 제가 생각하는 김서프의 방향성은 김서프를 찾아주시는 분들이 저희를 통해 제주여행이 더 만족스럽고 오래 기억될만한 여행은 거예요. 나아가서 이 서핑이라는 문화를 이해하고 사랑하게 된다면 그걸로 저희의 역할은 충분하다고 생각합니다.

서핑을 '배운다'보다 서핑 문화를
'즐긴다'를 만들기 위해 노력하고 있어요.

6. 김서프는 스텝들과도 정말 즐거워 보여요. 그 비결은 무엇인가요? (월급을 많이 주시나요?^^)

음, 글쎄요. 아마도 김서프의 이념이 큰 역할을 하지 않을까 싶은데, 제가 김서프를 처음 시작할 때부터 입버릇처럼 하던 말이 '우리가 재밌게 놀면 사람들도 우리랑 놀고 싶어 할 거야!' 였어요. 그래서 일을 떠나서 같이 고생하는 동료들과 재밌는 시간을 많이 보내려고 하고, 또 감사하게도 항상 좋은 친구들이 옆에 있어줘서 가능한 게 아닐까 싶어요. 그리고 제가 가장 중요하게 생각하는 건 '복지'예요. 맘처럼 모든 걸 다 해주긴 쉽지 않지만, 같이 일하는 동료들이 어떻게 하면 더 편안한 환경에서 일할 수 있을까를 많이 고민해요. 몇 년 전만 해도 모두들 하루도 못 쉬고 일하고 제대로 밥도 못먹고 몸으로 때우면서 일했었는데 그게 정말 힘들거든요. 그래서 지금은 인원을 충분히 두려고 하고 동료들이 컨디션을 잘 유지할 수 있도록 하고 있어요. 이렇게 선순환이 만들어지면 좋은 에너지로 손님들을 대하게 되고 결국 좋은 반응이 생기는 거 같아요.

7. 이전에 다른 일을 하시다가, 다시 제주로 오셨다고 들었어요. 제주로 돌아오게 된 계기가 무엇인가요?

홍대에서 잠깐 밴드를 한 적이 있어요. 1년 정도 했는데 사람들 앞에서 공연도 해보고 아주 좋은 경험이었죠. 지금 하라고 하면 그때보다 더 열심히 할 수 있을 거 같은데 가능할지 모르겠네요. 부끄럽지만 어릴 적부터 가수가 되는 게 꿈이었는데, 그 꿈을 이루려고 20대 초반부터 5-6년 정도 서울생활을 하다 결국 아무것도 이루지 못하고 고향으로 돌아왔죠. 그래서 제가 군대를 굉장히 늦게 갔어요. 28살에 가서 30살에 전역을 했는데, 아무 커리어도 없는 제가 얼마나 막막했겠어요. 지푸라기라도 잡는 심정으로 부모님과 친구들이 계시는 내 고향 제주로 돌아왔고, 김서프를 하게 됐는데 운이 좋았죠. 그래서 제가 만든 사업이지만, 김서프에 항상 감사해요. 김서프를 통해 아직도 배워가는 게 많고, 좋은 사람들도 많이 만날 수 있어서 감사하게 생각하고 있습니다.

-그 경험이 태양 님께 큰 경험이 되었으리라 생각되요. 내가 좋아하는 것에 솔직하고, 그것이 위험한 길인걸 알면서, 내 모든걸 던져보는 경험은 아무나 못하는 경험일테니까요! 말하다 보니 서핑이랑 비슷하네요.

8. 김서프를 보면 정말 하나의 브랜드로 느껴져요. 김서프 특유의 바이브가 있어서 고유함을 지니고 있다는 점에서 대표의 영향력도 느껴지는데요. 앞으로의 방향성이나 계획이 있나요?

김서프라는 이름을 언제까지 가져갈 수 있을지는 사실 모르겠지만, 배러댄서프도 그렇고 김서프도 하나의 문화를 만들어가려고 하는 거잖아요. 지금 저는 서비스를 팔고 있다고 생각을 해요. 와주시는 분들한테 저희를 통해서 이 여행이 더 만족스러웠으면 좋겠고, 서핑이라는 문화를 사랑하게 된다면 너무 감사한 일이죠. 그래서 김서프 나름의 느낌으로 찾아주는 분들에게 만족과 즐거움을 주면 제 역할은 다했다고 생각해요. 그 다음 스텝은 제가 좋아하는 아이템들로 즐거움을 주고 싶어요. 편집샵처럼. 지금 계획 중이기는 한데, 당장 어떻게 될지는 사실 모르겠어요.

9. 어려운 질문이지만 중문의 로컬리즘에 대해서 어떻게 생각하시나요?

표현 방법이 다소 공격적일 때도 있고 투박할 때도 있지만 저는 좋다고 생각해요. 서핑이 좋아서 바다가 좋아서 매년 정말 많은 분들이 오고 있는데 그렇게 많은 분들이 이 중문 바다를 아무리 사랑하고 아낀다고 해도 사실 여기서 나고 자란분들 만큼은 아닐 거라고 생각하거든요. 여기서 평생 살아오신 분들이 바다를 지키는 방법을 존중하고 새로 오는 분들의 발전적인 이야기를 귀기울여 듣다보면 아마 좋은 선순환이 되는 로컬리즘이 만들어지지 않을까 생각합니다.

제가 좋아하는 것들을 담은 저의 공간을 만드는 게
다음 목표예요. 어떤 식으로 표현이 될지는 모르겠지만
저만의 공간을 만들고, 그 공간에서 지금처럼 옆에 있는
좋은 사람들과 행복하게 사는 것! 그게 지금 저의 꿈이에요.

10. 태양 님이 맛집에 진심이라는 소문을 들었어요! 인스타로도 종종 맛집에 다니시는 걸 봤는데, 태양 님의 소울푸드는? 도민 맛집 알려주세요!

제가 제일 좋아하는 음식이 '짬뽕'이에요. 몸에 짬뽕타투도 했을 정도거든요! 서귀포에 '아서원'이라고 거의 20년 정도 다닌 단골집인데 지금은 멀어서 자주는 못 가지만 한 달에 두 번 정도는 꼭 가고 있어요! 가끔 소문 듣고 가서 자장면 시켜 드시는 분들 있는데 무조건 짬뽕 드셔야 합니다. 실수하지 마세요!

그리고 커피 마시는 걸 좋아해요. 커피에 대해서 전문적인 지식은 없지만 나름 까탈스럽게 고르는 편인데 최근에 서귀포 신시가지에 '오세요'라는 곳을 자주 가요. 사실 요즘 커피 다 맛있게 잘하시잖아요? 근데 공간은 불편한 곳들이 많거든요. 그 공간에 머물고 싶게 만드는 게 중요하다고 생각하는데 '오세요커피'가 저한테 그런 곳이에요. 가신다면 브라운을 꼭 드셔보세요. 강추입니다!

오세요커피 https://www.instagram.com/ohsayocoffee/

-태양님의 맛집 철학이 느껴지네요. 둘 다 꼭 가볼래요!

11. 앞으로 인간 태양의 꿈은?

저는 서핑을 좋아하지만 굳이 비교를 하자면 지금은 김서프를 어떻게 하면 더 재밌는 공간으로 만들 수 있을까 고민하는 게 더 좋고 재밌어요.

그래서 제가 좋아하는 것들을 담은 저의 공간을 만드는 게 다음 목표예요. 어떤 식으로 표현이 될지는 모르겠지만 그런 저만의 공간들을 많이 만들고, 그 공간에서 지금처럼 옆에 있는 좋은 사람들과 행복하게 사는 것! 그게 지금 저의 꿈이에요.

JOURNAL

BETTER THAN SURF CREW
MINGURINO

배러댄서프 크루의 스케이트보더이자 서퍼인
민규 님과 함께한 강릉에서의 서핑 라이프 보고서

Photos by SANGBUM YOON

1. 안녕하세요 민규 님 이렇게 만나 뵙게 되어서 반갑습니다. SNS 계정을 통해서 스케이트보드를 멋지게 타시는 모습을 보면서 일상 속에서 민규 님처럼 일상과 레저가 균형 잡힌 라이프 스타일을 즐기고 싶다는 영감을 받곤 했는데요. 어떤 계기를 통해 이런 라이프 스타일을 시작하게 되었나요?

> 계기는 특별히 없고, 어릴 때부터 이렇게 살아와서 지금도 이렇게 살고 있는 것 같아요. 학생 때, 공부를 하면서 지금 하고 있는 스케이트보드나 서핑을 해왔고, 성인이 돼서도 자연스럽게 일을 하면서 스케이트보드, 서핑을 하게 된 거죠.

2. 스케이트보드는 어렸을 때부터 타신 건가요? 몇 살 때 처음 시작하셨나요?

> 네. 어렸을 때부터 탔어요. 13살부터 시작해서 지금 16년 탔네요.

3. 우리나라의 스케이트 문화가 외국에 비하면 보편적이진 않잖아요. 처음에 어떻게 접하게 되신 건 지 궁금해요.

> 어릴 때, 학교에서 핑거보드라고 손가락으로 하는 작은 스케이트보드가 있어요. 그걸 반 친구들이 하는 걸 보고서 따라 하다가 '실제로 스케이트보드를 타면 재미있겠다'해서 시작했어요. 어릴 때부터 한 가지에 꽂히면 정말 빠져드는 편이라서, 스케이트보드를 그 이후로 계속하게 된 거죠.

4. 그럼 자연스럽게 스케이트보드를 타면서 서핑도 접하게 되신 건가요?

> 그렇죠, 어릴 때는 서핑이라는 걸 알고는 있었지만 스케이트보드에 비해서는 단조롭게 보여서 시도를 안 하고 있다가 성인이 된 이후 타보니까 너무 재미있는 거예요.

5. 우리 주변에 사실 스케이트보드를 탈만한 장소가 흔하지는 않은 것 같아요. 어렸을 때 주로 어디에서 보드를 타셨나요?

> 제가 김포 살았는데, 서울에 비해서는 보드를 전용으로 탈 수 있는 공간이 없었어요. 그래서 주말마다 왕복으로 3시간 거리를 버스 타고 왔다 갔다 하면서 배우고 탔어요. 평일에는 집 앞 공터에서 주로 타고요.

6. 스케이트보드를 처음엔 어떻게 배우게 된 건가요?

> 제가 어렸을 때는 주변에 그런 시스템이 전혀 없었어요. 잘 찾아보면 스폿이라고 하는 공간이 있거든요, 그 공간에 매주 가서 연습을 하다보면, 형들이 한 두 마디씩 해주었고, 그때 많이 배웠어요. 그때도 생각해 보면 그런 문화적 장소가 서울에 국한되어 있었던 것 같아요. 지금은 실내 파크들도 많이 생겨서 강습을 받을 수 있는 시스템이 잘 정착이 되어 있는데, 그땐 그렇지 못했죠. 그래서 안전하게 스케이트보드 강습을 받을 수 있는 공간을 만들게 된 것 같아요.

7. 민규 님의 '강릉 스케이트보드파크'의 꿈을 어린 시절부터 키우게 되신 건가요?

> 그렇죠. 사실 파크를 만들어야겠다는 생각은 없었어요. 그냥 막연히 잘 타고 싶다는 생각으로 계속 탔던 것 같은데 그게 지금의 모습까지 이어지게 된 것 같아요.

8. 직접 공간을 운영하시면서 달라진 생각이 있나요?

> 아직까지는 여전히 재밌어요. 어릴 때는 사실 스스로 타는 재미가 컸는데, 요즘은 제가 타는 것도 재미있지만 제가 알고 있는 노하우를 가르치고 새로 시작하는 친구들이 배워서 실력이 늘어서 재미있어하는 걸 보면 그게 또 재미있더라고요. 가르치는 재미가 있어요. 스케이트보드를 꽤 어린 나이에 시작하다 보니 다른 또래 친구들보다 팁을 알려주기 좋았는데, 그때도 그렇게 가르치는 거에 재미가 있었던 것 같아요. 그 시간들이 쌓여서 지금 제 업이 된 것 같아요.

9. 우리 일상에서 생각해 보면, 실내 스케이트장처럼 편하게 연습할 수 있는 공간이 많지 않았던 것 같아요. 서울로 3시간 거리를 버스 타고 가신 것처럼 어떻게 해소하셨는지 궁금해요.

> 서울로 3시간 간 이유는 혼자 타기 싫어서 간 거거든요. 사실 스케이트보드는 스케이트장에서 탈 수 있는 게 아니고 보드만 있으면 언제 어디서든 탈 수 있어요. 바닥이 안 좋아도 사실 그런 건 다 핑계고, 어디서든 다 탈 수 있어요.

10. 일반 도로는 부상에 대한 두려움 때문에 쉽게 접근하기 어려운 것 같아요. 어떻게 생각하시나요?

스케이트보드를 타다 보면 부상은 정말 필연적으로 일어나는 거예요. 처음 탈 때는 물론 안전하게 배우면서 타는 게 가장 좋지만 어느 정도 실력이 되면 점점 낙법 실력도 높아져요. 보드를 탈 때 처음 배우는 기술을 익히려면 적어도 100번은 넘어져야 한 번 성공하거든요. 누가 넘어지면 '어유, 괜찮아?'라고 하지만, 스케이트보드 타는 친구들은 넘어져도 신경쓰지 않거든요. 낙법을 어느 정도 익혔다고 생각해서 그렇죠.

11. 혼자 타는 것보다, 같이 타는 것이 더 재밌다는 생각이신가요?

그렇죠. 서핑은 생각해 보면 파도가 한정적이다 보니까 약간 경쟁하는 운동이 될 수 있잖아요. 근데 스케이트보드는 같은 보드인데도 느낌이 정말 달라요. 외국인이든 그냥 지나가는 사람이든 보드를 들고 있으면 '어? 스케이트보드 타? 같이 타자' 이런 분위기가 되는데 서핑은 내가 타던 구역에 다른 사람이 오면 경계부터 하는 경우가 많은 것 같아요. 근데 스케이트보드를 들고 일본이나 발리를 가던 처음 보는 사람인데도 외국인들이 먼저 말을 걸어요. '어디서 왔어? 나랑 같이 타자' 이런 식으로요.

12. 스케이트보드와 서핑 두 스포츠의 매력은 무엇이 있을까요?

스케이트보드는 누가 어려운 기술을 하다가 한 번 성공하면 다 같이 엄청 환호해 주는 분위기예요. 예를 들면 처음 하는 사람이라고 해도 알리 자세를 제대로 하면 그걸로도 '오!' 해주는, 호응이 되게 좋은 편이죠. 서핑 같은 경우는, 자연에서 파도 면을 탔을 때, 내가 내 힘으로 이 파도를 잡고 면을 타고 사이드 라이딩을 할 때 보이는 뷰가, 너무 아름답다고 해야 되나 그런 거에서 오는 성취감도 있고 아름다움을 느끼는 재미가 있죠. 자연과 나의 교감, 혼자 명상 하는 것 같은 느낌이 있어요.

두 개의 공통점은 '어려워서' 오히려 재미가 있는 것 같아요. 되게 어렵다 보니까 연습을 계속하다가 한 번 성공했을 때 그 성취감 때문에 계속하게 되는 거죠.

13. 그러네요, 스케이트보드는 도로 면에 바로 떨어지잖아요. 기술을 연습하시다가 혹시 다치신 적이 있나요?

되게 많이 다쳐요. 특히 발목이 접질리는 경우는 다반사죠. 저는 부러진 적은 없는데 주변에 보면 무릎 십자인대라든지 발목 뼈가 부러진다든지 팔이 부러진다거나 하는 경우도 종종 있어요. 근데 어느 정도 오래 타신 분들은 낙법이 잘 돼서 스케일이 큰 기술을 하지 않는 이상, 그렇게 크게 다치진 않는 것 같아요. 자잘 자잘하게 다치는 건 많아도요.

14. 저는 최근에 본 영상 중에 가장 인상 깊었던 게, 선셋 시간대에 상당히 빠른 속도로 도로를 내려가는 스케이트보더들인데 아찔하더라고요. 민규 님은 이런 위험을 즐기는 모습을 보면 어떤 생각이 드나요?

스케이트보드도 종류가 다양해요. 같은 보드라도 어떤 사람은 계단이나 핸드레일을 주로 타는 사람이 있고 어떤 사람은 렛지라고 해서 이런 박스 트릭을 하는 사람이 있고 어떤 사람은 플립을 많이 하는 사람이 있고. 아마 샌프란시스코 쪽에 되게 경사가 심한 도로가 있는 동네가 있더라고요. 맨 위에서부터 쏘듯이 내려가는 걸 다운 힐이라고 하는데, 그 장르의 경우 영상에서 보면 한 명이 그냥 내려가는 것 같아 보이지만, 밑에서 친구들이 장소에 서 있다가 봐줘요. 차가 오면 사인을 주는 거죠. 그래도 위험하긴 하죠. 저는 하진 않지만 그 나름의 매력이 있다고 생각해요. 서핑도 보면 기술적으로 테크닉을 좋아하는 사람이 있고, 엄청 큰 파도를 즐겨 타는 사람이 있잖아요. 장르는 다르지만 같은 보드라고 생각하면 둘 다 서로 다른 매력이 있죠.

스케이트보드의 문화를 떠올리면 엄청 거칠고, 찢어진 옷 입고 다닐 것 같고, 신발도 찢어지는 그런 문화를 생각하게 되잖아요. 이런 위험한 문화를 즐기기 때문에 자연스럽게 그런 이미지가 연상되는 것 같아요. 실제로 보드를 타면 금방 옷이나 신발이 해져요. 오히려 신발이 깨끗하면 이상하죠.

15. 강원도로 아예 이주하게 되신 건 언제인가요?

이제 1년 정도 되었어요. 그전부터 서핑하러 왔다 갔다 하긴 했는데 아예 이주한 건 1년됐죠.

파도 면을 탔을 때, 내가 내 힘으로 파도를
잡고 면을 따라 사이드 라이딩을 할 때
보이는 뷰가 너무 아름답다고 해야 되나,
그런 거에서 오는 성취감도 있고 아름다움을
느끼는 재미가 있죠. 자연과 나의 교감,
혼자 명상 하는 것 같은 느낌이 있어요.

16. 아예 강원도에 정착해야겠다는 결정은 어떤 계기로 하신 건가요?

제가 군대를 늦게 다녀왔는데, 제대하자마자 호주로 워킹홀리데이를 가려고 했어요. 서핑 때문에요. 근데 그때 코로나가 갑자기 터지게 되어서 못 가게 되었죠. 아쉬운 마음에 서핑을 제대로 계속해보려고 여름에는 제주도에 계속 있고, 가을, 겨울이 되면 양양에 있고 이런 생활을 2년 했어요. 계속하다 보니까 수입도 있어야 하고 생활하기가 힘들어서 강원도가 가장 정착하기 적당한 것 같아서 정착했어요. 사실 제가 김포에 살았었는데, 여기보다 물론 더 인구도 많고 거기서 스케이트파크를 했으면 돈을 더 벌 수 있었을지도 모르지만 재미가 없을 것 같은 거예요. 서핑을 못하니까요. 강원도 라고 해서 외지거나 이런 게 아니고 제가 하고 싶은 것도 할 수 있어서 오기를 너무 잘했다고 생각해요.

17. 강원도에서 나만 알고 싶은 서핑 스팟은 어딘가요?

이미 다 아는 곳이라서, 굳이 나만 알고 싶은(?) 곳인지는 잘 모르겠지만 저는 딱 정해져 있어요. 갯마을, 기사문, 하조대, 인구 이 네 군데예요. 파도가 작든 크든 다 거기서 탈 수 있죠.

18. 새벽 시간대에 서핑하는 걸 선호하신다고 들었어요. 특별히 새벽 시간대를 선호하는 이유가 있나요?

새벽에 아무래도 바람이 잔잔하기도 하고 새벽, 해질 녘 시간대를 저는 약속의 시간이라고 하거든요. 그 시간대가 되면 항상 약속한 것처럼 파도가 되게 좋아요. 또 출근해야 되니까 그럴기도 하고요.

19. 스케이트보더로서 민규 님이 가장 영감을 받은 영화도 궁금해요.

영화보다 스케이트보더들의 비디오를 보고 영감을 많이 받아요. 유튜브에 올라오는 짤막한 비디오들 말고, 프로들이 소속되어 있는 브랜드들의 비디오, 분기별이나 연간이나 선수들 이름으로 나오는 Full-length 영상들이요.

20. 서퍼로서 기술적으로나 스타일적으로나 이루고 싶은 다음 목표가 있나요?

스케이트보드는 기술적으로 되게 다양해요. 보드가 왼쪽으로 노느냐, 오른쪽으로 노느냐, 플립이 안쪽으로 도냐, 바깥쪽으로 도냐, 몸을 돌리면서 회전을 같이 조합할 수도 있고요. 그래서 기술이 되게 방대한데, 서핑의 경우 기술적인 것보다 스타일의 차이가 있는 거 같아요. 레일을 수직으로 정확히 올라가서 속도 감소 없이 돌리는, 그런 기술적인 면이 있기도 한데 저는 이걸 스타일이라고 더 생각하거든요. 저희 서핑의 목표는 좀 더 불필요한 자세 없이 예쁘게 타는 거예요.

21. 강릉 스케이트보드 파크의 다음 목표는 무엇인가요?

언제가 될지 모르겠지만 볕 잘 드는 1층에 차리고 싶은 마음이 있어요. 일반적인 한국의 스케이트파크를 보면 파크랑 카페랑 같이 하는 경우가 별로 없더라고요. 복층으로 1.5층 위에서 커피 마시면서 위에서 파크를 내려다볼 수 있게 만들고 싶어요. 1층은 보드를 타는 전용 공간으로 만들 수 있으면 너무 좋을 것 같아요. 또 부모님들이 아이가 보드를 타면 좋겠다는 생각을 하면 좋고요.

22. 배러댄서프의 크루로서 브랜드에 하고 싶은 말, 한마디 부탁드려도 될까요?

스케이트보드도 그렇고 서핑도 그렇고 각 브랜드마다 크루 라이더가 있잖아요. 그 라이더들이 부각이 되는 영상이나 사진이 자주 올라와야 된다고 생각해요. 브랜드 이미지가 결국에는 거기서 나오는 것 같아요. 예를 들어 슈프림 브랜드를 보면 프로 스케이터들이 그 옷을 입고 스케이트를 타면서 사람들이 그걸 보고 멋있다 생각하니까 옷을 구매하게 되는 것처럼요. 배러댄서프도 소속 라이더가 어떻게 멋있게 연출되느냐가 중요하다고 생각해요. 물론, 3분 영상을 만드는데 쉽지는 않죠. 촬영 스케줄도 짜야 하지, 만나서 찍고 편집하고 하는데 진짜 길면 한 두 달 걸리기도 하잖아요. 근데 성장하기 위해서는 그 과정을 잘 거쳐야 좋은 브랜드가 되는 것 같다는 생각을 해요.

YOYO

패션모델이자, 퍼스널 브랜드로서
다양한 활동을 이어오고 있는 요요
그녀만의 운동과 휴식, 일상 속에서 누리는
소소한 행복에 대한 다채로운 이야기

1. 평소에 서핑, 축구, 복싱 등 다양한 스포츠를 즐기시는 걸 알고 있어요. 모델로서 요요 님은 일상의 건강을 유지하기 위해 식단이나 스트레스 관리 등 꾸준히 노력하는 게 있나요?

저는 식단 관리를 정말 못해요. 먹는 거를 좋아해서(웃음). 그래도 집에 있을 때는 최대한 배달 음식을 안 먹고 좀 더 건강하게 먹으려고 하는 편이고 과식을 피하려고 하는 편이긴 한데, 일단 먹고 싶은 건 다 먹어요. 그리고 차라리 '운동을 좀 더 하자'라는 마인드여서 가리지 않고 먹어요. 스트레스 관리를 운동으로 해소하는 것 같아요. 좀 기분이 안 좋거나 움직이기 싫을 때 조금이라도 더 움직이려고 하거든요. 가만히 있으면 더 다운되고 기분이 안 좋아져서 몸을 움직이기 싫어도 움직이다 보면 조금 기분이 나아지는 게 있어요.

2. 서울에서는 사실 운동을 하기가 좀 힘든 것 같아요. 도시 생활에서 어떻게 운동을 하시나요?

사실 저는 야외 운동을 많이 하지는 않는 편이에요. 복싱도 실내에서 하고… 러닝을 좋아하지는 않는데 어디 놀러 가면 휴양지 바닷가에서 뛰는 걸 좋아해요. 경치가 워낙 좋으니까 조금만 뛰어다녀도 너무 기분이 좋더라고요. 그래서 그런 곳에서는 밖에서 걷고 뛰고 많이 하는데, 한국에서는 미세먼지도 심하고 공간도 없고 매연도 심하다 보니 거의 인도어에서 운동을 많이 하는 편이에요.

3. 화보 촬영하시는 모습을 인스타그램 피드를 통해 보았는데, 너무 행복해 보여서 덩달아 좋았어요. 모델로서 앞으로 이루고 싶은 꿈이나 계획은 무엇인가요?

모델로서는 제가 좋아하는 브랜드들의 얼굴이 되는 게 가장 큰 꿈인 것 같아요. 제가 우러러보던 브랜드들의 얼굴이 되어 촬영을 하는 게 저에게 가장 큰 즐거움이죠.

4. 평상시 요요 님이 입으시는 옷 중, 크롭티셔츠나 스포츠 탑을 너무 멋지게 연출해서 인상적이었어요. 다가오는 여름, 운동복과 일상복의 조화를 이루면서 편하게 입을 수 있는 데일리 패션으로 비키니나, 수영복을 멋지게 연출하는 팁을 알려주실 수 있나요?

제가 크롭티나 브라탑을 즐겨 입는 이유가 체형 때문이기도 하거든요. 저는 박시한 걸 입으면 부해 보이고 짧아 보여서 하이웨스트 팬츠를 입고 크롭탑을 매칭해서 다리도 좀 길어 보이게 해요. 그리고 허리도 제가 그렇게 잘록한 편은 아니라서 경계를 둬서 입는 편이거든요. 자신의 체형에 따라서 자신감 있게 옷을 매칭하는 게 가장 중요한 것 같아요.

5. 날씨가 더워지면서 바디 라인을 신경 쓰게 되는 시즌이 다가왔는데, 일상 속에서 쉽고 효율적으로 할 수 있는 크롭티 라인 유지를 위한 간단한 동작이 있다면 알려주세요!

한 부위만을 위한 운동은 사실 없어요. 그래서 크롭티를 위한 운동 방법은 저도 잘 모르겠어요. 사실 자신감으로 옷을 입는 게 가장 중요한 것 같아요. 무조건 자신감! 뱃살이 좀 나와도 당당한 마음가짐이 있어야 하고 내가 복근을 만들고 싶어서 운동을 한다면 식단도 해야 되고 유산소도 병행이 돼야 해요. 전체적으로 하는 운동을 해야 하기 때문에 가리지 않고 골고루 운동을 하는 게 좋은 것 같아요. 요령은 없습니다.

6. 몸을 건강하게 유지하는 일이 하루아침에 되는 일은 아닌 것 같아요. 평상시 몸매를 유지하기 위해 꾸준히 하는 루틴이 있나요?

헬스를 혼자 꾸준히 하고 있는데 그게 가장 저한테는 접근하기 쉬웠어요. 헬스장이 주변에 많잖아요. 그래서 시간을 따로 예약하지 않고 갈 수 있는 운동, 혼자 스스로 할 수 있는 운동이다 보니까 꾸준히 하게 되는 것 같아요. 루틴은 사실 그때그때 하고 싶은 걸 하는 편인데 하루는 상체를 했으면 다른 날에는 하체를 하고 그런 식으로 번갈아서 하는 편이죠.

7. 운동을 처음 시작하게 된 계기와 과정은 무엇인가요?

어린 시절, 아버지의 영향을 크게 받은 것 같아요. 아버지가 운동을 되게 좋아하셨거든요. 맨몸 운동도 좋아하시고 어렸을 때부터 저희 삼 남매한테 아버지가 계속 기본적인 맨몸 운동 같은 걸 시키셨어요. 아주 아기일 때부터 그래서인지 자연스럽게 운동이 생활화가 된 것 같아요. 그리고 아버지가 무술 영화를 되게 좋아하셨거든요. 그래서 저도 어렸을 때부터 그런 걸 보고 너무 좋아했어요. 정말 소림사를 가야겠다는 생각을 할 정도로(웃음). 자연스럽게 습득이 되다 보니까 어렸을 때부터 복싱에 관심이 많아졌고, 고등학생 때 혼자서 처음 복싱장을 찾아가서 배우기 시작했어요. 비록 3개월만 하고 그만뒀지만 스스로 가보자 했던 마음이 그때 처음 들었던 것 같아요.

8. 헬스 뿐만 아니라 요요 님은 다양한 활동을 하셔서 운동을 정말 좋아하시는 것 같다는 느낌을 받았어요. 몸을 움직이면서 삶에 어떤 변화가 있었나요?

아주 많이 있었죠. 사실 제가 제 몸에 자신감이 많이 없는 편이었거든요. 지금은 사람들 인식이 좀 많이 변하긴 했지만, 불과 한 10년 전만 해도 제가 약간 하체가 튼실한 편인데 그걸로 놀림을 많이 받아서 컴플렉스가 심했어요. 그래서 그 당시에는 한 번도 엉덩이나 허벅지가 드러나는 옷을 입어본 적이 없었어요. 20대 초반까지만 해도 옷으로 다 가리고 다녔어요. 펑퍼짐한 치마나 큰 티를 입었었죠. 그게 너무 스트레스였고 자신감이 많이 없었고, 자존감도 낮았었는데 그러다가 호주로 워킹 홀리데이를 갔거든요. 2014년에 처음 호주를 갔는데 거기서 제 인생 최대 몸무게를 찍었는데도 전혀 불편하지 않은 거예요. 남들의 시선이 달라지지도 않고 오히려 저보고 날씬하다고 그런 말을 처음 들어보니까 '이게 뭐지' 싶었죠. 또 한국에서는 운동을 다이어트 목적으로만 했던 것 같아요. '살을 무조건 빼야지'하는 생각으로 지금보다도 훨씬 더 마를 때까지 빼고 그런 강박에 사로잡혀 있었고 운동을 다이어트의 도구로만 생각했었어요. 근데 호주에서는 운동이 그냥 라이프 스타일인 거예요. 나이가 어리든, 많든, 아침마다 러닝을 하고 헬스장을 가도 연령대가 다양한 게 충격이었어요. '이 사람들은 몸매를 위해서가 아니라 진짜 자기 자신을 위해서, 건강을 위해서 운동을 하는구나'라는 생각이 들어서 그때부터 운동을 시작했죠.

9. 어린 나이에 스스로 복싱장에 가서 배우기 쉽지 않았을 것 같아요. 요요 님이 좋아하시는 액션 영화는 무엇인가요?

제가 어렸을 때 보았던 '미녀 삼총사'가 정말 뇌리에 강하게 남았던 것 같아요. 그래서 저도 액션 배우가 되고 싶었거든요. 처음 배우가 되고 싶다는 꿈을 꾸게 해 준 영화였어요. 여자들이 나와서 멋있게 액션을 하는 게 그 당시 저한테는 되게 큰 충격이었거든요.

10. 2014년이면, 모델로 데뷔하시기 이전인가요?

네, 전이에요. 고등학생 때 피팅 모델 아르바이트로 처음 모델 일을 하게 되었는데, 그때는 정말 말랐거든요. 지금보다도 훨씬. 근데도 거기서 살이 2-3kg 더 찌니까 그 당시 스스로 자존감이 뚝 떨어지는 거예요. 자존감이 너무 낮아져서 카메라 앞에 설 수가 없겠더라고요. 그래서 그 이후로 모델 일을 쉬웠죠. 제가 모델을 다시 할 수 있을 거라는 생각을 못 했어요. 마음이 강했으면 살을 뺐을 텐데 그렇게 못 했어요. 모든 게 싫고, 폭식증이 왔던 것 같아요. 엄청 먹고, 그런 걸로 스트레스를 풀다 보니까 당연히 또 살이 찌고 자존감이 더 떨어지고, 그러다가 약간 회피하듯 호주를 간 건데 거기서 제 인식이 완전 변해버린 거예요. 남들의 눈을 위한 게 아니라 그냥 '나 자신을 위해서 운동을 해야겠다'하고 그때부터 운동을 꾸준히 하게 된 거죠. 운동을 함으로써 정신이 정말 많이 건강해졌어요.

여행, 자연에서 큰 기쁨을 얻는 것 같아요. 물질적인 것보다는 직접 체험하고 느꼈던 추억 같은 것들, 어디 새로운 곳을 갔을 때 느끼는 그런 설렘들, 그런 게 저한테는 기쁨인 것 같아요. 새로운 것을 배울 때나 정말 모르는 곳에 갔을 때 이어지는 예상치 못한 일들이 저에게 즐거움을 줘요.

물에 떠 있는 것도 너무 좋았거든요.
아무 생각 안 들고 그냥 정말 파도만 기다리고
풍경을 바라보는 그 시간이요.

11. 현재 행오버FC에서 활동하는 중이신데요. 어떻게 FC 활동을 시작하게 되었는지, 그리고 축구를 시작하게 된 계기가 궁금해요. 또 활동하면서 느낀 축구의 매력은 무엇인가요?

방송 프로그램 오디션 준비를 위해서 축구 과외를 열심히 받았어요. 축구화도 사고, 근데 제가 너무 못해서 오디션에서 떨어진 거예요. 그날 풋살장 근처에 친구네 사무실에 놀러 갔는데 제가 사놓은 풋살화가 너무 아까운 거예요. 그래서 친구랑 같이 '우리끼리 그냥 뭉치고 놀자'해서 34명이 되었죠. 거기서 더 모으고 모으다가 지금의 행오버FC가 되었어요. 다양한 분야에서 일하는 친구들과 만나다 보니까 다들 놀기도 좋아하고 시너지도 좋고 너무너무 즐거워요. 운동을 한다기보다 진짜 어디 놀러 나간다는 생각이 들거든요. 그리고 사실 살면서 축구를 해 볼 기회가 많이 없잖아요. 아무 목적 없이 뛰어다닐 일도 없고. 저희는 혼성 팀이거든요. 다 같이 미친 듯이 공을 쫓아다니면서 뛰어다니는 게 너무 재미있어요.

12. 앞서 말씀해 주신 것처럼, 복싱을 고3 때 시작하고 최근에 다시 배우게 된 계기가 있나요?

20대 초반 때, 킥복싱을 되게 좋아했어요. 그냥 보는 것도 좋아하고, 하는 것도 좋아하고, 그런 타격하는 운동을 좋아했거든요. 근데 스파링은 무서워하고 좋아하지 않았어요. 그냥 미트 치고, 코치님이 잡아주시면, 치는 게 뭔가 기분이 좋더라고요. 그래서 그런 운동에 매력을 느끼고 있다가 한 3-4개월 친구랑 배웠다가 그만두고, 2020년부터 파이브 라운즈(FIVE ROUNDS) 코치 님을 만나게 되면서 제대로 배우기 시작했죠. 그전에는 1:1로 배워본 적이 없었는데, 덕분에 재미있게 배우는 중이에요.

13. 액션 연기도 연습하고 계신 걸로 알고 있는데, 복싱도 연기 준비를 위해서 배우시는 건가요?

아뇨, 복싱은 정말 순수한 제 즐거움을 위해서 배우고 있는 중이에요.

14. 운동을 하면서 부상당하는 것에 대한 두려움 같은 건 없나요?

크게 다치는 거에 대한 두려움은 없는데, 제가 멍이 좀 잘 들거든요. 그래서 촬영에 지장이 갈까 하는 걱정 빼고는 두려움이 없는 것 같아요. 크게 흉이 지는 거에 대해서도 신경을 별로 안 쓰는 편이에요.

15. 서핑은 내 맘대로 안 되는 파도를 탄다는 점에서 복싱과는 다른 매력이 있을 것 같아요. 요요 님은 어떻게 서핑을 시작하게 되었나요?

처음 서핑을 시작한 시기는 한국에 서핑샵이 딱 2개 있었을 때였어요. 붐이 되기 전이었죠, 사람들이 서핑이라는 걸 많이 알기 전에 양양에 블루 코스트에서 처음 배웠거든요. 그때가 20살이었어요. 제가 '소울 서퍼'와 같은 서핑 영화를 되게 좋아하거든요. 그래서 그런 문화도 좋고, 서핑 자체가 너무 멋있는 거예요. 저도 너무 서핑을 해보고 싶었는데 한국에는 할 곳이 많지 않으니까, 수소문해보다가 양양에 있다고 해서 찾아서 갔죠. 해보고 나니까 내 몸이 내 마음대로 움직이지 않았어요. 처음에는 뒤에서 밀어주니까 스스로 잘한다고 생각을 했어요, 근데 막상 제가 파도를 혼자 잡을 때는 너무 다르더라고요. 근데 그 몇 초 안 되지만 내가 파도를 잡았을 때의 그 희열이, 어렵지만 너무 재밌었어요. 그리고 물에 떠있는 것도 너무 좋았거든요. 아무 생각도 안 들고, 그냥 정말 파도만 기다리고, 풍경을 바라보는 그 시간이요.

16. 행복을 느끼는 일을 지속할 수 있다는 건 감사한 일이라는 생각이 들어요. 요요 님에게 기쁨(Delight)이란 무엇인가요? 기쁨을 주는 특별한 대상이나 기억, 활동이 있나요?

여행, 자연에서 큰 기쁨을 얻는 것 같아요. 물질적인 것보다는 제가 직접 체험하고 느꼈던 추억 같은 것들, 어디 새로운 곳을 갔을 때 느끼는 그런 설렘들, 그런 게 저한테는 기쁨인 것 같아요. 새로운 것을 배울 때나 정말 모르는 곳에 갔을 때 이어지는 예상치 못한 일들이 저에게 즐거움을 줘요.

17. 보통 안전한 곳을 선호하는 경우가 많은데 요요 님은 어떠신가요?

안전함을 추구하지는 않는 것 같아요. 저는 똑같은 게 싫거든요. 반복되고, 지루한, 어떻게 보면 이것도 이상한 걸 수 있는데 반복되는 삶을 제 스스로 못 견뎌서 안 좋아하게 된 것 같아요.

물을 좋아해서 바다가 있으면 일단 마음에 안정이 되는 것 같아요. 산도 좋고요. 사람들을 너무 많이 만나다 보면 어느 순간 너무 지치더라고요. 예전에는 안 그랬는데 요즘은 너무 많은 사람들을 한꺼번에 만나면 지쳐서 조용하고 인적이 드문 자연에서 회복을 하곤 하죠.

18. 정말 휴식이 필요하실 때는 어떻게 하시나요?

집에 있고 싶을 때는 정말 집에만 있어요. 제가 인천에 살거든요. 대부분 서울에 나와 있기는 한데, 너무 피곤할 때는 집에서 쉬려고 해요. 가만히 집에 있으면서 혼자만의 시간을 많이 보내는 편이에요. 좀 많이 지칠 때는 그냥 강원도나 가까운 자연을 보러 가기도 해요. 저는 바다, 물을 좋아해서 바다가 있으면 일단 마음에 안정이 되는 것 같아요. 산도 좋고요. 사람들을 너무 많이 만나다 보면 어느 순간 너무 지치더라고요. 예전에는 안 그랬는데 요즘은 너무 많은 사람들을 한꺼번에 만나면 지쳐서 조용하고 인적이 드문 자연에서 회복을 하곤 하죠.

19. 요요 님은 여행 마니아이기도 하신데, 좋아하는 여행지는 어디인가요?

원래 발리를 제 최애 장소로 꼽았었는데, 최근에 푸켓을 갔다 왔거든요. 늘 피피섬을 꿈에 그렸었는데, 가보니까 물가도 싸고 음식도 맛있고 모든 게 너무 좋았어요. 그냥 영화 속 세상 같은 느낌, 그래서 또 가고 싶어요.

20. 운동할 때 자주 듣는 플레이리스트가 있나요?

음악을 골고루 다 즐겨 듣는 편이에요. 힙합을 가장 많이 듣는 것 같고, 힙합이 지겨울 때는 오히려 잔잔한 노래를 들어요. 신이 나는 밴드 음악도 좋아하는데, 하드락보다 얼터네이티브 락 장르를 좋아하는 편이에요.

21. 인생 영화는 무엇인가요?

예전에는 이 질문에 답을 하는 게 쉬웠거든요, 근데 이제 점점 나이가 들고 가치관도 바뀌고, 지금 내가 그 영화를 다시 보면 과연 '내 인생 영화일까' 하는 생각도 들고 해서 되게 어려운 질문이 되었어요. 인생 영화로 꼽을 수 있는 것들이 너무 많은 것 같거든요. 그래서 꼭 집어서 얘기하기는 어렵지만, 감독으로 보면 우디 앨런의 스타일이나, 그런 톤도 좋아해요. 배우는 너무 워낙에 훌륭하신 배우들이 많은데 덴젤 워싱턴을 가장 좋아해요. 그리고 마고 로비, 샤를리즈 테론 등. 좋아하는 배우가 너무 많아요. 그분들이 한 작품을 찾아보면서 좋은 자극을 받죠.

22. 예전 인스타그램 피드를 보다가, 요요 님이 직접 그리신 그림들을 봤어요. 원래 그림을 그리시는 걸 좋아하셨나요?

제가 호주에 있을 때 그림을 진짜 많이 그렸어요. 왜냐면 남는 시간이 너무 많은데 할 건 없고, 심심하고. 그래서 그때 운동도 열심히 했고 페인팅을 좋아했죠. 어렸을 때부터 그림 그리는 걸 좋아하긴 했는데 배운 적은 없고 그냥 혼자 계속 그리다 보니까 좋더라고요. 근데 요즘은 그림을 안 그린 지 너무 오래되었어요. 어렸을 때는 좀 그리고 싶다는 생각이 확 들 때가 있었거든요, 자연에 있을 때 영감이 많이 떠올랐는데 요즘은 뭔가 그리고 싶다는 생각이 잘 안 드는 것 같아요. 소셜미디어에 너무 빠져버려서 시간이 남으면 그냥 휴대폰만 보다가 시간이 다 가버리니까 그런 것 같다는 생각이 들기도 해요. 그래서 여행지에 가서는 최대한 SNS를 안 하려고 하는 편이에요. 그렇다 보니 여행지에 가서 책도 눈에 들어오고 그 시간에 집중할 수 있는 것 같아요.

YOYO

SURF GEAR COLLECTION

SURFCAP - MINT

46,000원

배러댄서프

탈부착 가능한 스트랩으로 바람이나 파도가 있는 환경에서 모자를 옷에 고정할 수 있는 서프캡

FCS 웻백

69,000원

FCS

서핑슈트나 수건, 수영복 등 젖은 물품을 담기에 좋은 넉넉한 사이즈의 웻백
55 x 62 x 25 cm

SURF GEAR COLLECTION

서핑 라이프를 풍족하게 만들 아이템 총집합

Single Fin 그래픽 발매트 도어매트

83,000원

그라핀

친환경 소재의 출입구 먼지 및 물기 차단 도어 매트
83 x 52 cm (두께 12 mm)

스무스스타 서프 스케이트 보드

470,000원

SMOOTH STAR

핑 트레이닝을 목적으로 만들어진 서프 스케이트 보드

서핑 왁스

4,000원

토왁스

안정적인 라이딩을 위한 견인력과 끈적임을 제공하는 국내 유일 서핑 왁스 브랜드, 토왁스의 서핑왁스

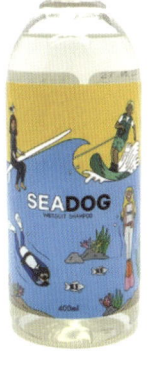

SEA DOG 웻슈트 샴푸 (400ML)

26,000원

씨독

향균 및 항박테리아 효과가 뛰어난 티트리 오일이 함유된 웻슈트 샴푸

맷블랙 2MM 긴팔 스프링슈트

커스텀 주문

맷블랙

서핑슈트나 수건, 수영복 등 젖은 물품을 담기에 좋은 넉넉한 사이즈의 웻백
55 x 62 x 25 cm

클리어 딩 테이프

15,000원

Evolutionxyz Australia

가벼운 딩수리용 리페어 딩테잎
롤길이 4 m

WAX FRESH SCRAPPER

19,000원

왁스프레쉬

기존 콤브보다 더 편안하게 왁스를 제거할 수 있는 새로운 형태의 서핑 왁스 스크래퍼

서핑베어 인센스홀더

55,000원

스테디너리

서핑하는 곰돌이 인센스 홀더

10.5" Goldie 롱보드핀

158,000원

데드쿡스

Blue/Orange 레이업의 올라운드 롱보드핀

고 진공 텀블러

35,900원

스탠리

이중벽 구조의 진공단열 소재의 스테인레스 스틸 텀블러

BALLET 피루엣 6피트/9피트 리쉬

52,000원/62,000원

BALLET

깨끗하고 단순한 디자인의 숏보드/롱보드 리쉬

MESH BACKPACK - SKY BLUE

66,000원

배러댄서프

해변과 수영장 등 다양한 레저 환경에서 쓸 수 있는 메쉬 소재의 백팩

드라이버 툴 키트

83,000원

FCS

6개의 스테인레스 툴로 이루어진 드라이버. 6각, 일자, 십자 등의 헤드를 갈아 끼우며 사용할 수 있다.

타올 판초

79,000원

FCS

순면 테리 타월링 소재로 부드럽고 흡수력이 뛰어나 물기를 빠르게 제거. 어디서든 편안하게 옷을 갈아입을 수 있다.

Silver Surfing Surfboard Pendant
45,000원

hakkablacks

푸른빛의 라인이 들어간 롱보드 팬던트

Coffee Break 포스터
16,000원

그라핀

커피브레이크 타임을 가지는 그라핀의 시그니쳐 캐릭터 파도 군이 그려진 일러스트 포스터
420x 524 mm (액자 미포함)

SURF DAY BEACH SUN STICK
28,000원

배러댄서프

SPF50+, PA++++ 광노화 특허원료
불투명 워터프루프 선스틱 / 리프세이프 제품

BEACH TOWEL
69,000원

배러댄서프

배러댄서프 스마일로고가 직조된 비치타월

콘크리트 트랙션 패드
65,000원

BALLET

깨끗하고 단순한 디자인의 콘크리트 2 피스 하이브리드 그립 패드

파도 군 빈티지 스틸 오프너
6,000원

그라핀

심플하고 클래식한 오프너로 뒷면에 자석이 부착되어 냉장고 등에 붙여서 보관할 수 있다.

JEJU & SURFING

JEJU

Surfer 양진혁
Photo by BOKEHMIX

SURFING IS
'TALKING TO THE WAVES
WITHOUT
UNNECESSARY FORCE.'

DUKE CHANGNAM LEE

JOURNAL

DECK 1
00:00:03;
SP

CH 1

▶PLAY

DUKE CHANG NAM LEE

**재일교포, 일본 서핑 1세대, 78년 치바 챔피언
한국 서핑 문화의 역사를 만든 개척자
듀크 이창남 선생님의
파도와의 대화를 담은 이야기
그리고 과거와 현재의
한국 서핑 포인트 탐사에 대한 에피소드**

*일본식 단어나 특유의 언어는
듀크 선생님의 표현을 살리고자 최소한의 교정으로 표현되었습니다.

1972년 일본 첫 서핑대회 입상

1978년 일본 치바 챔피온

안녕하세요 이창남 선생님, 이전에 일본에 지낼때 이치노미야의 선라이즈 앞에서 만나
뵙고, 5년 만에 제주 서핑대회에서 다시 뵙게 되었는데요. 치바의 Seasong이라는
일본 서핑 문화로도 역사적인 공간에 한국인의 이름이 걸려 있어서 항상 궁금했었는데,
이제 자세히 이야기를 듣게 되어 너무 즐겁습니다. 한국 서핑의 역사를 만들고 기록해
가는 분이라고 생각하고 있어요. 함께 해 주셔서 너무 감사합니다.

1. 많은 한국의 서퍼들이 궁금해할 것 같은데 간단히 자기소개 부탁드릴게요.

저는 1952년생이고 출생지는 일본 도쿄입니다. 국적은 한국이고 재일교포 2세 입니다. 부모님의 고향은
제주도의 동쪽 제주시 한경면 고산리와 신창리입니다. 일제의 식민지 강점 때문에 삶이 어려워졌던 고향을
떠나서 일본으로 넘어오셨던 것입니다.

2. 일본에서도 서핑 1세대로 알고 있어요. 서핑을 처음하게 된 계기와 일본에서의 서핑 스토리를 알고 싶습니다.

1960년대 일본은 서핑을 TV나 잡지에서 가끔 볼 수 있는 정도의 시대였습니다. 수영을 잘했던 나는
한 여름에 한두 번 가는 바다에서 에어매트에서 서핑의 모방짓을 하고 있었습니다. 18세(1970) 때, 어느
일본의 친구의 집에 놀러 갔는데, 창고 안에 우연히 먼지가 쌓인 중고 롱 보드가 세워져 있었습니다. "이 보드
혹시 사용하지 않는다면 나에게 팔아주라"고 물어봤더니 6,000엔 (한화 6만 원, 지금이라면 20만 원 정도)로
좋다고 그 친구는 답했지요. 이것이 내 인생이 서핑을 중심으로 돌기 시작한 순간이었습니다.

하지만 서핑의 길은 쉽지 않았지요. 지금의 SNS처럼 정보를 얻는 수단이 전혀 없었던 것입니다. 포인트의
장소, 파도가 있는지 없는지의 예측, 기본 기술 등을 배우는 수단, 그리고 리쉬조차 존재하지 않았고, 왁스의
구입이나, 보드의 수리 방법도 아는 수단이 없었습니다. 그래도 처음에는 거품파도를 타는 것이 즐겁고 약간
짧은 보드에서도 서서 탈 수 있게 되면서 2년 후에 해변의 서핑 샵에서 아르바이트 일을 찾아 보드 수리를
하면서 매일 열심히 연습하고 첫 출전 대회에서는 태풍 컨디션 속에서 입상할 정도의 실력이 되었습니다.

그 후에도 시간이 있는 한 바다에 다니면서 출장(출전)할 수 있는 대회에는 계속 나가 상위 입상 성적을
셀 수 없을 정도로 얻었고, 1978년에는 치바 챔피언의 자리까지 올랐습니다. 이 타이틀은 당시 프로 선수
인정을 평가받는 대회였습니다. 그러나 머릿속에서는 이후의 서핑과 삶의 방향에 대해서 고민하는 계기가
되었습니다. 당시 일본의 서핑계에서는 프로라고 해도 수입이 낮아 도저히 생활할 수 있는 수준은 아니었던
것입니다. 게다가 재일교포는 일본 사회의 취업 차별 때문에 일자리를 찾는 것이 어려운 환경이었습니다.

결론은 서핑을 계속할 수 있는 수입을 확보하기
위해 국가시험공부를 하고 합격하면 다시
복귀하자는 계획을 세웠습니다. 그리고 2년 후
합격률 5%의 전기기사의 국가시험에 합격하여
나는 다시 서핑을 계속할 수 있게 되었습니다.

2년의 블랭크(휴식기)는 있었지만 서핑
업계에서는 보드와 슈트의 제공 스폰서 이야기가
몇 가지 있었으며, 그 후 10년간은 선수 생활을
계속할 수 있었고 대회에서도 상위 입상의
성적도 계속 올릴 수 있었습니다. 일본에서의
마지막 성적은 2005년(54살 때) 'Sea Song컵
레전드 부문' 우승이었습니다.

1978년 일본 프로 서핑대회의 메인 간판

1960년대 일본은 서핑이 TV나 잡지에서 가끔 볼 수 있는 정도의 시대였습니다. 서핑의 길은 쉽지 않았지요. 지금의 SNS처럼 정보를 얻는 수단이 전혀 없었던 것입니다. 포인트의 장소, 파도가 있는지 없는지의 예측, 기본 기술 등을 배우는 수단, 그리고 리쉬조차 존재하지 않았고, 왁스의 구입이나, 보드의 수리 방법도 아는 수단이 없었습니다.

2005년 Seasong컵 레전드 부분 우승

3. 일본에서 태어났지만 한국을 고국으로 여기면서 한국인으로의 정체성을 지키시면서 사시는 것 같아요. 서퍼로서, 엔지니어로서 어떠한 시선으로 한국을 보셨는지 알려주세요.

저는 전기 엔지니어로서 일본 기업에서 포항제철소 건설의 설계에 관련하는 기회가 있었습니다. 그러나 회사 내의 일부 일본인 직원은 식민지 통치자의 정신이 아직 남은 탓인지 한국인인 저에 대한 태도가 결코 좋은 것이 아니었고 때로는 괴롭힘 그 자체였습니다. 결국 나는 그 직장에서 싸우다가 그만두게 되었고, 나의 마음에는 그들에 대한 반항심이 더욱더 커져갔고 그러면서 한국에 대하여 점점 더 관심을 돌리게 되었습니다. 바로 88 올림픽 때였지요. 이 올림픽에는 윈드 서핑의 종목이 있었지만 일반적으로 해외에서는 윈드 서핑보다 파도를 타는 서핑이 역사도 오래되었고 인구도 많습니다. 그래서 나는 한국에서도 서핑 인구가 어느 정도 있을 것이라 제멋대로 생각하게 되었지요.

유명한 관광지를 한걸음 떠나면 군부대시설과 철조망 등 통제지역이 많았고, 바다에 들어갈 수 있어도 총을 둔 군인과 사치라이트(큰 조명) 시설이 눈에 들어오자마자 극도의 긴장감이 느껴져서 서핑에 집중할 수 없었습니다. 강원도는 정말 파도는 좋았지만 사회의 환경은 그런 시대였습니다.

4. 일본에도 좋은 스팟들이 많고 서핑 트립을 이곳저곳 다니셨을 것 같아요. 90년도에 처음으로 서핑 트립을 오시게 된 이유와 한국의 서핑 포인트 탐사 에피소드가 너무 궁금합니다. 특히 제주도를 고향처럼 생각하시고 자주 오시는 걸로 알고 있습니다. 제주도를 왜 가장 좋아하시는지요?

1990년까지 나는 주말마다 일본 치바의 바다에 다녔고, 연휴, 휴가 등 시간이 있을 때에는 하와이, 발리에도 다녔지요. 그런데 1990년 5월, 3개월의 출장 중에 3일간의 휴가가 나왔기 때문에 이전부터 궁금했던 한국을 첫 방문 하기로 했습니다. 목적지는 출장처와 가장 가까운 부산. 비행기는 남해안에서 김해공항으로 착륙하려는 태세였습니다. 남해안의 지도는 미리 머리에 기억하고 있었지만 창가에는 낙동강이 보이고 바로 아래를 본 순간 서핑에 적합한 깨끗한 파도가 밀려오고 있었습니다. 다대포였습니다. 길도 모르고 교통수단이 없어서 다대포 해안에는 갈 수 없었고 그대로 짧은 휴가를 마쳤습니다.

그리고 4개월 후 제 고향인 제주도를 방문하게 되었습니다. 역시 교통수단이 없고 여기저기 헤매던 끝에 찾았던 것은 월정리였습니다. 결론적으로 한국은 확실히 서핑이 가능하다고 확신한 나는 할 수 있는 범위에서 포인트 탐사를 실시하기로 결심했습니다. 90년~94년까지는 서울부터 교통편이 좋은 강릉, 속초를 시작으로 포항, 부산 등 동해안을 중심으로 탐사했고, 많은 포인트를 찾을 수 있었지만, 경포대나 낙산해수욕장 등 유명한 관광지를 한걸음 떠나면 군부대시설과 철조망 등 통제지역이 많았고, 바다에 들어갈 수 있어도 총을 둔 군인과 사치라이트(큰 조명) 시설이 눈에 들어와 극도의 긴장감이 느껴져서 서핑에 집중할 수 없었습니다. 강원도는 정말 파도는 좋았지만 사회의 환경은 그런 시대였습니다.

동해안의 포인트는 대략 찾았다고 생각했던 나는 95년부터 고향인 제주도에서 포인트 탐사를 시작했습니다. 그래서 중문을 시작으로 몇 군데 포인트를 찾는 중에 어느 기업으로부터 서핑 스쿨 개교 제안을 받았습니다. 나는 강습용 보드 4장과 바디 보드 4장, 필요한 부속품을 가지고 제주도에서의 새로운 출발과 정착을 바랐습니다. 하지만 이 이야기는 아쉽게도 무산으로 끝났습니다. 그러나 내 몸과 서핑 장비만 남은 가운데 내가 한국에서 서핑의 창시자이자 서핑 문화를 발전시켜야 한다는 의무감과 책임감은 더욱더 강하게 느끼게 되었습니다. 그래서 나는 파도의 조건이 가장 좋은 중문 해수욕장에서 인명 구조의 자원봉사와 서핑 보급 홍보에 나서기로 했습니다. 당시 중문 해수욕장은 높은 파도와 빠른 조류 때문에 해수욕객이 휩쓸리는 사고가 다발하는 해안이었습니다. 거기서 서핑 보드를 이용한 인명 구조법은 매우 효과적이었고 많은 성과를 올리게 되어, 해경이나 안전 요원까지도 바디보드를 사용하게 되었습니다. 1997년경이 되자 서핑에 대한 유익성은

상. 1992년 울산 진하
중. 1992년 죽도
하. 1996년 제주 모슬포,
2006년 제주 듀크 포인트

색달동 동네, 경찰, 해경, 소방서까지 공유되어 자유롭게 서핑을 즐길 수 있는 환경이 갖추어졌습니다.

이 시기의 중문해수욕장은 서핑을 타는 사람이 저 혼자만이었고, 밀려오는 좋은 파도를 독점적으로 탈 수 있다는 것에 좋으면서도 죄악감까지 느껴졌습니다. 곤란한 시기도 맛보았지만 그에 해당한 쾌감과 보람은 더 커졌던 것입니다. 나는 안전 요원 중에서도 수영을 잘하고 서핑에 관심이 깊은 몇 명에게는 서핑을 가르쳐 주기로 했습니다. 그중에서도 색달동 청년회 회장이었던 (고인) 김태오는 가장 열심히 연습했고 나도 그의 열정에 답하도록 지도했습니다. 김태오에 이어 젊은 로컬들도 점점 서핑을 배우기 시작했고 그 시점에 나는 지역 서퍼들의 모임 만들기를 촉구한 결과 98년에는 제주웨이브 클럽이 결성되었습니다. 로컬 서퍼들은 제가 제주도 출신이어서 제주도에 갈 때마다 환대해 주었고 나는 로컬 서퍼들이 필요한 서핑장비에 불편이 없도록 신경 쓰면서 서로의 인연은 시간이 지나갈수록 깊어졌습니다. 그 후 2003년 8월에는 국내 최초로 서핑대회를 개최하게 되었습니다.

국내 최초의 서핑대회와
그의 이름이 적힌 대회 티셔츠

5. 중문 색달 해수욕장에는 '듀크 포인트'라는 리프 포인트가 있습니다. 그 포인트의 이름도 선생님의 별명을 따라 '듀크'라고 불리는 것으로 아는데요. '듀크'라는 별명이 어떻게 붙게 되었는지 스토리도 듣고 싶습니다.

한국 포인트 탐사를 하는 과정에서 여러 사람들을 만나게 되었고, 한국 사람들에게 서핑에 관해서 질문했습니다. 주로 스쿠버 다이빙과 윈드 서핑, 웨이크 보드, 스키 등의 관계자였지만, 서핑에 대해선 모두가 본 적도 들은 적도 없다고 대답한 것입니다.

그래서 나 자신이 한국에서의 첫 서퍼라는 것을 깨닫게 되었고, 서핑의 세계적인 전도자인 하와이의 'DUKE KAHANAMOKU'에서 듀크를 뽑아서 나의 별칭으로 했습니다. 제주도의 듀크 포인트는 1997년 내가 해녀의 집 앞의 파도를 처음 탔기 때문에 그대로 '듀크 포인트'로 한 것입니다.

6. 제주도로 서핑트립을 젊은 시절부터 많이 오신 것으로 알고 있는데, 서핑스팟 중 가장 기억에 많이 남는 곳 에피소드를 말씀해 주실 수 있을까요? 서퍼10명이 구속된 에피소드도 듣고 싶어요.

96년 8월 태풍이 접근해서 중문은 파도가 너무 높아서 도저히 들어갈 수 없는 상황이었습니다. 렌터카도 성수기 때문에 빌릴 수 없어서 시외버스를 타면서 포인트 탐사를 했던 그날, 버스가 모슬포를 지나면서 창가부터 보였던 믿을 수가 없는 멋진 파도가 보였습니다. 순간, 다음 정거장에서 내렸다가 뛰면서 뒤돌아가서 눈앞에 보였던 파도는 마치 발리의 울루와투나 메데위를 상기시키는 환상적인 대한민국 최고의 파도였습니다. 그러나 이 포인트는 대한민국 최고 수준의 위험도 이기도 합니다.

〈제주도 서쪽의 어항 포인트에서 발생했던 사건〉
15년 정도 전 태풍이 접근하고 풍랑경보가 발령된 속에서 로컬 서퍼 10명이 이 포인트에 들어갔습니다. "서퍼가 파도에서 떨어져 물 위에 올라오지 않는다"라는 주민의 오해 신고를 받고 해경이 출동해 서퍼 10명 모두가 구속당했습니다. 벌금은 1인 80만 원, 합계 800만 원, 하지만 이전부터 중문해수욕장에서의 수많은 인명 구조의 업적도 있어 결국 10명 모두 석방된 사건이 있었습니다. 96년 처음으로 벌초로 방문한 곳이 바로 이 포인트의 입구였습니다. 조상이 나를 여기에 불렀는지...

7. 지금 제주도는 발전과 개발이라는 모습의 뒤편에 사라져가는 자연환경과 모래의 유실로 인한 해변의 변화 등을 겪고 있어요. 과거에 존재했지만 개발로 인해 사라진 서핑스폿 에 대해 안타까움이 가득하고 또 궁금한 것도 많아요. 파도가 얼마나 좋았고 아름다웠을까? 기억나는 몇 군데에 대해 말씀해주실 수 있을까요?

사라진 파도...

그곳은 제주도 안덕면 화순해수욕장입니다. 이 포인트는 1996년도에 찾아냈지만 중문과 함께 매우 좋은 파도였습니다. 관광객도 많았고 활기찬 동네였습니다. 그러나 항구 건설과 함께 해안 모래가 깎여 거대한 방파제가 건설 된 후에는 백사장과 파도가 사라졌습니다. 항구 건설에 대한 반대 운동도 격렬했지만 경치를 가로막는 커다란 방파제와 해수욕장이 사라진 지금은 한산하고 조용한 동네로 변해 버렸습니다.

8. 몇십 년간 서핑을 해오면서, 서핑이라는 게 삶을 변화시켰음을 누구보다 잘 알고 계실 텐데요. 듀크 선생님이 추구하는 서핑, 그리고 서핑과 삶의 밸런스에 대해서 알고 싶습니다.

제가 추구하는 서핑은 '쓸데없는 힘을 사용하지 않고 파도와 대화'한다는 것입니다. 나이가 젊었을 때에는 파도를 정복하려고 많은 힘을 사용했지만, 경험을 쌓으면 파도의 힘을 잘 활용하는 수법을 깨닫게 됩니다. 이렇게 하면 서핑을 오랫동안 계속할 수 있지요. 서핑과 삶의 균형은 젊었을 때와 다르지 않습니다. 서핑을 중심으로 생활의 구조를 구축합니다. 또한 스트레스를 피하고 수입이 많아도 과도한 일을 하지 않고 건강을 유지하는 것이 최우선이지요.

9. 제주도에 오시면 항상 드시는 음식이 있을까요? 그리고 평소 체력관리를 위해 드시는 식단도 있으면 추천해 주세요.

제주도에 올 때마다 먹는 것은 해산물입니다. 가장 좋아하는 것은 해물뚝배기이지요. 그 외에는 신선한 회 (전복, 성게, 한치, 고등어 등)입니다. 평소 일본에 있을 때는 체중이 증가하지 않도록 식재료에는 신경을 쓰지만 한국에서와 같은 취향입니다. 물고기와 조개류의 회와 돼지고기, 닭고기등을 섭취합니다.

사라진 파도, 한림읍 협재
방파제 건설로 바닥의 모래가 유실되어 사라졌다.

사라진 파도, 화순
방파제 건설로 바닥의 모래가 유실되고 파도가 사라졌으며 한산한 동네가 되었다.

10. 2003년 8월 11일~12일까지 제주도 중문에서 대한민국 최초의 서핑대회가 열린 것으로 알고 있어요. 이번 2024년 제주서핑대회도 오셔서 직관하셨는데, 이전보다 서핑 인구도 많아졌고 많은 서핑샵과 선수들의 기량도 높아진 걸 느끼실 것 같아요. 그리고 일본의 서핑 문화와 비교해 보면 차이점도 많이 느끼실 것 같고요. 과거와 비교해서 어떤 점들이 바뀌었는지, 그리고 한국의 서핑이 어떻게 발전하면 좋겠는지 말씀해 주세요.

우리나라에서는 2000년경부터 서핑 인구가 늘어나기 시작하면서 오늘까지 약 25년 정도의 역사가 있다고 할 수 있습니다. 한편 일본에서는 약 40년 빠른, 60년경부터 서핑인구가 늘어나기 시작하고 25년 후인, 1985년쯤에 피크를 맞이했습니다. 한국도 일본도 서핑 인구가 가속적으로 증가하면서 보드 브랜드, 슈트 브랜드, 서핑샵, 숙박시설이 생겼다는 형상은 비슷하지만 내용을 살펴보면 많은 차이점을 볼 수 있습니다. 1985년경 일본에서는 서핑에 대한 사회적 인상은 결코 좋지 않았습니다. 급격한 서핑 인구 증가에 대한 서핑 문화, 즉 교육의 보급이 따라가지 못했기 때문에 서핑 룰과 매너의 문제, 사회적 질서(과대한 음향, 쓰레기 처리 등)를 무시하는 행위가 눈에 띄었기 때문에 사회적인 비판의 대상이 되었습니다. 서핑 기술면에서도 지금과 같은 동영상, SNS 등의 자료가 없었기 때문에, 서퍼들은 무분별하게 무작정 연습할 뿐이었습니다. 프로 단체도 결성되었지만 권위주의와 폐쇄적인 체질이었기 때문에 해외 서퍼들의 참가 기회(교류 기회)도 없이 기술 수준의 향상이 이뤄지지 않았습니다. 결과적으로 서핑 자체가 사회적 지위를 얻지 못했고 기업 스폰서의 지원도 미약했습니다. 인구만 많고 규모가 작은 스포츠에 매몰된 것입니다.

한국의 경우 룰과 매너 측면에서는 서핑스쿨이 선도하고 초보 단계부터 교육을 받을 수 있게 된 것은 매우 좋은 일입니다. 다만 바다는 있어도 한국은 파도가 작은 상황이 많고 또한 서핑 인구가 증가함에 따라 혼잡하면서 안전사고의 증가가 우려됩니다. 웨이브 파크와 같은 시설은 매우 좋다고 생각하지만, 현재 한 곳 뿐 이고 시간과 비용 측면에서 많은 서퍼들이 즐길 수 있는 상황이라고는 할 수 없습니다. 근본적인 해결책으로써 포인트의 개척은 서둘러야 하는 과제입니다. 특히 여름에는 남해안을 시작해서 서해안 남부는 스웰이 있기 때문에 충분히 기대할 수 있습니다. 기술 수준의 면에서는 일본의 서핑 역사가 40년 빨리 시작된 것에 비교해 한국은 2배의 스피드감을 느낍니다. 한국인은 일본 사람보다 많이 연습하고 꾸준히 노력하는 편이지요. 앞으로는 서핑스쿨의 강습 내용을 지금보다 폭넓게 중급자부터 상급자 수준에 이루는 과정에서 이론적 분석과 지도 방책이 정리된 교육시스템의 구축을 충족하는 것이 바람직하다고 생각합니다.

11. 한국의 올바른 서핑 문화를 만들어가고자 하는 '배러댄서프'에게 마지막으로 조언 한마디 부탁드립니다!

배러댄서프를 응원합니다. 제가 제주도를 30년간 다니면서 올 때마다 삶의 에너지를 받았던 것 같습니다. 배러댄서프도 제주도의 자연의 에너지를 받으시면서 앞으로의 많은 발전을 기원합니다.

DUKE CHANG NAM LEE

SU HYUN IM

섬과 여름, 여행, 모험. 그리고 낭만
서핑에 대한 꿈
그가 꿈꾸는 자유를 위한 이야기

서핑은 11살 때부터 자연스럽게 흘러왔던 이야기라
서핑이 없는 삶에 대한 비교를 하기는 쉽지 않아요.

안녕하세요 수현 님, 제주에서 서핑을 하면서 항상 라인업에서 마주치면 큰 파도, 작은 파도 할 것 없이 어떻게 저렇게 파도를 쉽게 잡아 타지라는 의문과 함께 궁금한 점이 많았는데 이렇게 기회가 돼서 인터뷰를 하게 되었네요. 그동안 궁금했던 점들과 제주에 사는 수현 님의 가치관을 듣게 되어 너무 즐겁네요.

1. 간단히 수현 님 자기소개 부탁드릴게요.

안녕하세요. 저는 부산에서 태어나서 송정에서 처음 서핑을 시작하고 현재는 제주도에 살면서 파도를 타는 서퍼 임수현입니다. 서핑은 2008년도 11살 때 가을에 방과 후 프로그램으로 시작했어요. 그땐 영화에서 보던 서핑이라는 게 뭔지 몰랐고 '서핑이 뭐지'라는 의문으로 시작하게 됐던 것 같아요. 그 당시에는 많은 분들이 서핑이라고 하면 윈드 서핑이라고 알고 있었어요. 저도 서핑이라는 것 자체를 뭔지 모르는 상태에서 동네 친구들이랑 그냥 놀이로 시작하게 됐던 것 같아요.

2. 홈스쿨링과 세계곳곳을 다니면서 서핑 트립을 통해 성장했다고 알고 있어요. 그러한 배경이 지금의 수현 님만의 모습과 가치관을 만들게 됐을 거라 생각해요. 남들과는 다른 관점이나 삶의 방향이 있을 것 같은데, 수현 님이 추구하는 가치관에 대해서 이야기해 주실 수 있을까요?

여기에 아마 모든 이야기들이 담겨 있을 것 같아요.
저는 일생 자체를 서핑으로 살아왔기 때문에 일상도 자연스럽게 서핑과 접목되는 것 같아요. 저에게는 11살 때부터 자연스럽게 흘러왔던 이야기인 거고 서핑이 없는 삶에 대한 비교를 하기는 쉽지 않아요. 서핑을 하기 전과 하지 않는 나의 삶을 구분 짓기가 어려운 것 같아요.
처음에 서핑을 시작을 하고 서핑에 대한 꿈을 꾸고, 그 다음에 서핑에 올인해야겠다 결심해서 학교 진학을 그만두고, 이러한 과정에서 의심이 없었던 것 같아요. 부모님께서 이러한 결정에 믿음을 주셨던 것 같아요. 부유한 편도 아니고 어머니는 공부를 워낙 좋아하시는 평범한 가정인데, 제가 서핑을 좋아하고 서핑으로 꿈을 꾼다고 했을 때 지지해 주셨어요. 나중에서야 말씀해 주신 거지만 '개척하는 길, 어려움이 많을 법한 길'을 간다는 거에 대해서 걱정은 됐지만 말씀은 하시지 않으셨다고 하더라고요. 도전한다는 것에 대한 믿음을

Photos by PARKGRIM

주셨기에 일상에서도 새로운 것을 시도할 때 '기존의 틀밖에서 그냥 해보면 되지 않을까'라고 자유롭게 생각할 수 있는 것 같아요.

지금도 새로운 분야를 시도를 하고 있는데, 너무 서핑에 빠져 있다 보니까 서핑 외에는 안 보였던 것들이 있어요. '서핑이 최고다'라는 생각으로 지냈지만 새로운 것들을 시도해 보고 다른 분야에 대해 배워보는 과정들이 새롭게 와닿고 그 동안 서핑을 통해 배웠던 경험들을 토대로 새로운 분야와 접목해 보니 되게 재밌는 것 같아요.

3. 세계의 여러 스폿을 다니며 성장했고, 다양한 서핑 문화를 즐겼다고 생각해요. 한국의 서핑 문화도 이제 조금씩 성장해 가고 있고, 조금은 다른 방향 혹은 안 좋게 흘러가는 부분도 있다고 생각하는데. 캘리포니아, 하와이, 호주, 발리, 일본, 대만 등 다양한 곳에서 서핑을 즐기면서 한국의 서핑 문화에 도움이 되겠다고 생각되는 부분이 있을까요?

세계 여러 바다들은 각 지역마다 서핑 문화가 다양하게 자리 잡고 있는 것 같아요. 각 지역의 바다가 잘 지켜지는 중요한 이유는 건강하고 서로를 존중하고 이방인에도 열려있는 공동체 문화가 있는 게 중요한 것 같아요. 어떤 곳이든 공동체간의 소통과 협력없이 상업적으로 발전하기 시작하면 잠깐 반짝였다가 사라지는 곳이 많다는 생각이 들더라고요. 지속적이고 문화적으로도 정착할 수 있으려면 각 지역의 건강한 지역 공동체의 활동들이 필요한 것 같아요.

-로컬 서퍼 모임 같은 건가요?

로컬, 그렇죠 그런데 로컬에 대한 정의들이 다양한데요. 거기서 태어난 사람이 될 수도 있고 다른 지역 사람이지만 그 지역에 헌신하고 발전을 위해서 노력하고 있는 사람 등 다양한 로컬의 정의들이 있는데 결국에는 문화적으로든 물질적으로든 지켜질 수 있게 그 지역에 살고 있는 사람들의 소통들이 필요하다고 생각해요. 결국엔 모든 일들은 커뮤니케이션으로 이루어지고, 어떤 일이든 사람이 하는 것이기 때문에 사람과의 소통이 정말 중요하다고 생각을 하거든요. 안 되는 것도 되게 될 수 있는 게 사람인 거고, 되는 것도 안 되게 되는 것도 결국에는 사람이기 때문에, 사람과의 소통, 지역 사람들과의 소통들이 건강하게 자리 잡을 수 있는 것이 무엇보다 중요한 것 같아요.

예전에 중문에 해수욕장 밑에 샤워가 샤워기가 있었거든요. 그때는 모래 유실도 없었고, 서퍼들은 물론이고 관광객들도 쓰기 편했고요. 해외에는 그런 환경들이 잘 되어 있잖아요. 그런 공공시설이 있으면 좋죠. (웃음)

4. 파도가 있는 곳을 돌아다니면 항상 수현 님이 있었던 것 같아요. 제대 후 제주에 거주를 결심하게 된 이유를 알 수 있을까요?

섬과 여름에 연관이 많은 서핑을 하다 보니까 그런지 모르겠지만 저는 섬과 여름을 좋아하는 편이고, 여행과 모험을 좋아해요. 제주도를 선택한 이유 중에서 이 4가지 키워드에 대한 두 가지 큰 이유가 있는데 제주도나 어디든 서핑 트립이나 여행, 훈련을 가든지 간에 돌아올 때는 결국엔 섬으로 돌아온다는 거죠. 낭만이죠. (웃음) 비행기에서 그걸 좀 많이 느끼는데 다시 여행한다는 것과 모험을 떠나는 시간을 되게 좋아해요. 어떤 사람들은 되게 답답하게 느끼기도 하지만 여행이나 모험한다는 기분이 들게 만들어 주는 장소라서 제주도에 사는 것 같아요.

섬과 여름에 연관이 많은 서핑을 하다 보니까 그런지 잘 모르겠지만 저는 섬과 여름을 좋아하는 편이고, 여행과 모험을 좋아해요. 제주도나 어디든 서핑 트립을 갔다 오든 어딘가 여행이나 훈련을 가든지 간에 돌아올 때는 결국엔 섬으로 돌아온다는 거죠. 낭만이죠.

두 번째는 처음에 서핑에 대한 목표를 가지고 학교를 그만두고 처음 서핑 트립을 왔던 곳이 제주도예요. 그때 아버지, 어머니, 누나, 여동생 이렇게 다섯 가족이 처음 서핑 트립을 왔던 곳이 여기인데 그때의 기억들이 아직도 되게 많이 남아 있어요. 그때 좋은 기억들이 있어서 내가 처음으로 독립을 하게 된다면은 내가 좋아하는 키워드를 담은 이 제주라는 곳을 선택하려 했고, 서핑을 꿈꾸면서 서핑을 뭔가 지속할 수 있는 곳이 제주도이지 않을까 생각해요.

5. 서핑을 하며 지켜보는 수현 님은 큰 파도를 찾아가는 것처럼 느껴져요. 높은 사이즈의 스웰을 빠르게 반응해서 먼저 위치를 잡는 걸 보며 감탄하고 있어요. 너무 쉽게 파도를 잡고요. 큰 파도를 좋아하는 이유나 추구하는 서핑이 있을까요? 스웰을 읽고 파도를 캐치하는 노하우도 궁금합니다.

서핑이 매일매일 지역과 환경, 시간, 물때, 파도 방향에 따라 복합적으로 작용하다 보니까 똑같은 파도는 없어요. 좋은 파도가 오면 신나 가지고 바로 들어가고 싶지만 각기 다른 고유의 파도들에 다가가기 위해서 밖에서 지켜보는 편이에요. 그날의 파도의 흐름, 물의 흐름 또는 파도가 깨지는 위치 그런 것들이 물 안에서는 잘 알기 어렵지만 뒤로 벗어나서 파도 전체가 보이는 곳에서 바라봤을 때는 파도에 대한 예측 또는 예습이 가능하기에 항상 파도를 타기 전에 밖에서 지켜봐요. 파도가 좋다 안 좋다를 보는 게 아니라 오늘은 어떤 방향에서 파도가 오고 그다음에 파도가 어디에 위치해서 깨지고 파도의 형태는 어떻고 글라시한 지 아니면 할로우한 지 다양한 것들을 밖에서 지켜보고 관찰하고 들어가요. 들어가고 나서 파도를 마주했을 때는 보이지 않는 것들이 많아요. 그래서 파도가 좋을 때는 더더욱 뒤로 벗어나서 전체를 바라보고 다가가고, 큰 파도뿐만이 아니라 모든 루틴에서 서핑을 하기 전에 파도를 보고 관찰하고 들어가는 편입니다.
큰 파도도 좋아하는 편이에요. 큰 파도를 좋아하는 이유 중에서 여러 가지가 있는데, 서핑은 단순한 스포츠가 아니라 자연과 보드와 파도, 이 세 가지가 같이 공존하면서 교감하는 운동이라고 생각을 해요. 쉽게 말해서 자연과 교감하는 거죠. 제가 서핑하는 이유 중에서 제일 좋아하는 파트가 자연과 파도와 교감하는 것이에요. 그게 저에게 제일 재밌는 요소인 것 같아요. 그러다 보니까 큰 파도를 탈 때 파도에서 느껴지는 힘, 물의 흐름, 파도의 힘이 발끝에서 느껴지는 경우들이 있잖아요. 그게 큰 파도에서 좀 더 많이 느껴지고 그러다 보니까 자연스럽게 큰 파도를 좋아하게 된 이유가 된 것 같아요.

6. 서핑하면서 극적이었던 순간은 언제인가요? 그럼에도 불구하고 두려움을 극복하게 한 가장 큰 원동력은 무엇인가요?

예전에 하와이에서 일본 선수들과 함께 훈련을 했었던 적이 있었어요. 제가 많은 파도를 경험해 보았지만, 지금까지 경험했던 파도와 하와이의 파도는 좀 다른 거 같아요. 하와이는 제가 알던 저희가 알던 사이즈와 똑같은 사이즈인데 파도의 힘이 달라요. 그래서 내가 알던 헤드사이즈 파도의 힘이 이 정도여야 되는데 한 2~3 헤드 이상의 파도의 힘이 느껴져요. 하와이에는 그런 말이 있더라고요. 파도를 높이로만 보지 않고 두께로도 본다고. 처음에 하와이를 갔을 때 가이드하는 코치분이 하와이에서 서핑은 단순히 기술을 배우는 게 아니라 서핑에 필요한 본능적인 직감, 감각을 배우는 거라고 하더라고요. 그게 그냥 본능적으로 느껴져요. 내가 알던 파도의 힘이 아니라, 파도와 교감하지 않으면, 단 1%의 의심이라도 생기는 순간 미친 듯이 말려요. 단 1%라도 내가 이 파도를 못 탈 것 같다 놓칠 것 같다 무섭다 하는 순간 파도에 팅겨져 나가요. 사이드 라이딩도 안 되고, 끝까지 타는 것 자체가 안 돼요. 그러니까 내가 알던 서핑이 아닌 거죠. 본능적으로 느껴져요. 평소에 헤드~투 헤드 아무렇지 않게 탔던 파도에서 1~2주 동안은 고전했었어요. 그때가 육체적으로 정신적으로 가장 극적이었던 순간이었던 것 같아요.

7. 선수와 브랜드(or 비즈니스)를 해가면서 삶과 서핑의 밸런스를 찾아가고 있을 것 같은데요. 선수로서 집중하다가 일과 서핑의 균형을 찾아가면서 어떤 점이 어려운지, 현재 집중하고 있는 부분을 이야기해 주세요.

평소 여러 서핑 관련 프로젝트를 함께 진행하고, 촬영 감독님이자 동경하는 김동기 형님께서 해준 이야기가 있어요. 서핑과 일에 대한 이야기를 하다가 나온 주제였는데요. 서핑과 일, 그리고 삶이 더욱 어우러지고 지속되기 위해서는 자신이 하는 일[직업]이 '경제적 자유, 시간적 자유, 공간적 자유'가 필요로 한다는 것이었어요. 이 3가지를 삶과 서핑을 위한 밸런스를 위해 항상 생각하고 있어요.
처음 서핑을 시작하고 함께 서핑에 대한 꿈을 키웠던 친구들, 도운이, 나라, 민기 등 당시 몇 안 되는 주니어 친구들이 있었어요. 그 친구들이 사실은 서핑으로 커리어를 준비하는 첫 사례다 보니까 어떻게 해야 될지 모르겠는 거예요. 이런 사례들이 우리나라에 있지도 않았고, 그다음에 어떻게 해야 될지 몰라 부딪히면서 경험하고, 느끼고 했던 건데 저도 성인이 되고 경제적으로 뭔가 스스로 만들어야 되는 시기가 오고 나서부터는 어떻게 풀어갈 수 있을까 어떻게 계속 서핑을 지속할 수 있을까에 대한 고민들을 하게 되고, 프로 서퍼로서 살아갈 수 있는 방식에 대해서 많이 고민과 노력을 해왔던 것 같아요.

워낙 시장이 제한적이다 보니까 서핑으로서 계속 성장하기 위해서는 경제적인 뒷받침이 돼야 된다고 생각해서 서핑으로서 계속 수익을 한번 만들어보자 했던 게 이제 서핑 대회, 서핑 광고, 스폰서십 등 다양하게 고민과 노력을 했어요. 사실 여러 브랜드들도 금전적인 지원을 하는 게 쉽지 않은 시장이다 보니 어려움이 있지만, 서로가 함께 도전할 수 있는 길이면 좋지 않을까라는 생각에 제안서도 넣어보고, 지원들도 해주시고 서퍼로서의 도전을 경제적으로 풀어보려고 했던 것 같아요. 초반에 광고 촬영과 대회 참가, 스폰서십을 받을 수 있어 다행이었지만, 이게 너무 들쑥날쑥하고 지속적인 것도 아니다 보니 쉽지 않은 부분들이 있어서 이런 것들을 풀어보려고 작년에 비즈니스도 운영하게 된 것 같아요. 사실은 작년에는 업무 때문에 아예 서핑을 못 했거든요. 처음 하는 업무고 너무 어렵고 모르는 분야다 보니 더 많이 준비를 해야겠다는 생각에 아침부터 저녁까지 매일 일만 했던 것 같아요. 만약에 이 시기에 포기를 하게 되면 내가 가고자 했던 서핑으로의 목표점에 못 가지 않을까라는 생각 때문에 1년간은 서핑이 있는 삶을 위해 이 정도는 한번 투자를 해보자 해서 작년에 좀 더 집중을 했던 것 같아요.

8. 수현 님의 서핑을 잘 하기 위해 지키시는 데일리 루틴 같은 게 있으신가요?

어머니께서 '국선도'를 가르쳐 주셨어요. 한국의 전통 수련법인데 몸과 마음을 수행하는 운동이에요. 그래서 저도 자연스럽게 어렸을 때 부터 시작하게 되었는데, 스트레칭과 호흡, 명상을 통해 건강한 삶을 유지하려고 하고 있어요. 마음이나 육체적으로나 여유와 휴식, 호흡을 지키려고 하고 있어요.

9. 클라이밍 선수 출신 아버지와 어머니의 지원으로 홈스쿨링과 서핑 트립으로 커왔는데, 가족이 함께하는 삶이 누구보다 크게 차지할 것 같아요. 남매가 2011년 나란히 국가대표까지 되었는데, 수정님과 서퍼로서 프로로서, 혹은 가족으로서 서핑에 대한 이야기를 많이 나누나요?

저희 누나도 저랑 비슷한 시기에 서핑을 시작해서 서핑 선수로서의 꿈을 꾸고 그 과정들을 같이 했던 사람으로서 같은 고민들을 가지고 있었어요. 이전까지 누나가 저를 많이 혼냈어요. (웃음)
최근 들어서 인정을 해주긴 하지만 함께 많은 고민들을 해왔던 거 같아요. 온전히 서핑 선수로서 살아가기엔 어렵지만 같이 도전을 하고 있는 단계이고 개척자로서 도전을 계속하고 있다는 거에 의미를 두고 있고.
누나도 저도 아직도 프로서퍼로서 꿈을 가지고 있기 때문에 계속 서핑과 꿈에 대한 이야기들은 꾸준히 하고 있어요.

10. 수많은 대회경험을 가진 베테랑 서퍼로서 프로서퍼가 되고 싶어 하는 후배들에게 해줄 조언이 있으신가요?

처음 저희가 서핑을 시작했을 때는 주니어 친구들이 5명 정도밖에 없었는데, 요즘 대한민국에서 빠르게 성장하는 루키 친구들이 많잖아요. 너무 빠르게 성장하고 있어서 개인적으로도 정말 뿌듯하기도 하기도 한데 많은 친구들이 비슷한 길을 걸어가려고 하더라고요. 지금은 저희 때보다는 좀 더 나아진 환경에서 많은 정보를 토대로 훈련을 하고 있다 보니까 환경적인 부분에서 나을 수 있고, 학교 진학을 그만두고 대회를 나가거나 훈련에 집중하거나 서핑에 대한 몰두를 한다면 시간이 많이 주어질 거예요. 더 많은 시도들을 해볼 수 있는 나이인 만큼 건강한 많은 경험들을 해 봤으면 좋겠어요. 내가 얻은 것 들로 하나의 길 보일 수 있지만, 기존의 것들도 장단점이 있기에 여러 방향을 시도해 보면 다른 길이 보인다 생각해요. 틀에서 벗어나 자유로운 생각을 많이 가지게 해 줄 수 있는 환경에서 현재의 길을 보완해 가다 보면, 시도를 한다는 것이 충분히 가볼 만한 가치 있는 길이라고 생각해요.

그리고 서핑에 대한 훈련을 하게 된다면 세계적인 선수에 대한 목표를 꿈꾸는 친구들이나 세계적인 선수들, 그들을 가르치는 코치님과 만나서 배워야 된다고 생각해요. 내가 보고 느끼고 배운 것에 대해서 객관적인 시각과 피드백으로 성장해야 되는데 개인적으로는 한계가 있어요. 그 이상으로 넘어가려면, 그런 친구들과 코치님과 배워야지 서핑 선수로서 온전하고 더욱 크게 성장할 수 있어요. 뛰어난 선수들과 코치님과 같이 있으면 본능적으로 내가 배우고 목표가 세워지는 것들이 많은 것 같아요. 그런 배움들 속에서 생활하고 훈련하면서 성장할 수 있는 그 크기는 완전 다른 거 같아요.

－하와이에서 훈련했던 에피소드 같은 거네요?

맞아요. 한국에서 배울 수 있는 부분들도 있지만 다른 환경과 문화, 훈련 방식에서 배울 수 있는 부분들이 너무 많이 존재하기 때문에 많은 성장을 하려면 그러한 환경에 있어야 된다고 생각을 해요.

11. 앞으로 서퍼로서 수현님의 꿈과, 서핑을 빼놓고 인간 수현님의 꿈은?

아직 프로 선수에 대한 꿈을 가지고 있고 서핑을 내 인생에서 빼는 일은 없을 것 같아요. 새로운 비즈니스를 시작하게 된 계기도 선수로서의 목표를 다지기 위해 시작했고 서핑은 평생 함께 곁에 두고 살아갈 존재라서 인생이나 서핑에 대해서 많이 배우고 노력하고 있어요. 계속 시도하면서 목표가 생기고, 작은 목표부터 시작해서 새로운 큰 꿈도 생기기도 하는데, 그런 꿈들이 나에게 왔을 때 언제든지 파도를 타듯 준비하는 게 제 꿈 중에 하나인 것 같아요.

브랜드를 운영하면서의 저의 작은 꿈들이 있어요. 이 앞에 말씀드렸던 자유 세 가지를 얻고, 내 삶을 안정시키고 나면 내가 다가가고자 하는 꿈에 더 가깝고 빠르게 다가갈 수 있지 않을까 생각해요. 제가 꿈꾸는 삶이 있는 제주에서 군복무를 하면서 여기서 독립하면 좋지 않을까 생각했어요, 그래서 그때까지 대회하면서 꾸준히 모아놨던 전 재산 1천만 원을 가지고 제주도로 넘어왔어요. 결국에는 상금으로 모아놨던 돈과 군복무하면서 50~60만 원의 월급, 그리고 대회랑 광고로 생활비를 보태면서 지냈지만, 몇 년에 걸쳐서 다 쓰게 되고 꿈을 지속하기 위해서는 무언가를 해야 되는 시기가 오더라고요.

그렇지만 그 상황이 좋은 계기가 됐던 것 같아요. 서핑과 삶을 위해 현재에 충실하면서, 미래를 위한 변수에 대해 준비와 도전을 하고 싶어요.

JOURNAL

SAKU

**제주 이호테우의 '서핑 도사' 롱보더 사쿠
서핑스쿨 키위브라운의 수장인 그의 서핑에 대한
애절한 사랑과 철학에 대한 이야기**

Photos by SANGBUM YOON

저희가 추구하는 서핑은 춤 같은 거죠.
메뉴버(Maneuver)를 만들면서
파도가 무도회장의 파트너라면 에스코트부터 마무리까지
같이 호흡하면서 부드럽게 때론 강하게 춤을 춘다고 생각해요.

1. '사쿠' 님의 이름은 무슨 뜻인가요?

   이름이 승균인데, 외국에 있을 때 친구들이 발음을 잘 못했어요. 굉장히 슬픈 이름이고 한국 사람도 발음을 잘 못 하거든요. 자기네끼리 성큔, 승쿤 이런 식으로 하다가 되게 자연스럽게 편하게 불러진 게 그렇게 됐어요. 지금 제 이름보다 그 이름이 더 좋아요.

2. 해외는 주로 어디 쪽에 오래 계셨나요?

   남미 페루랑, 캘리포니아, 서핑 때문에 갔죠. 제대로 하고 싶어서 원류를 찾아서 갔어요. 제일 처음 하던 사람들이 있던 곳으로요.

3. 서핑의 첫 역사가 페루, 남미 지역에서 시작되었나요?

   그렇다고 알고 있어요. 폴라네시아인들이 고기잡이용 배를 타고 가다가 떠내려가서 하와이 같은 데서 정착을 하면서 말이죠. 사실 서핑의 원산지가 미국이라고 많이들 알고 계시는데 남미 사람들은 자기들이 먼저라고 하거든요. 본인들이 먼저 떠내려가서 하와이에서 시작된 게 서핑이라고 주장하는 거죠. 그렇다 보니 서핑하시는 분들은 대부분 '남미에서 시작했다'라고 알고 있어요.

4. 신기하네요! 서핑을 사랑하는 마음으로 처음 역사가 시작된 곳까지 찾아간 게 대단한 것 같아요. 사쿠 님은 그럼 언제 처음 서핑을 시작하게 되었나요?

   그 당시에는 그랬던 것 같아요. 끝까지 가고 싶어서, 끝을 보고 뭐가 있는지 궁금했어요. 처음 시작은 특별하진 않았던 것 같아요. 대학교 방학 때 누워 있다가 달력에 서핑하는 사진 같은 게 있으니까 호기심에 한번 시작했었죠.

5. 이전에는 뱅커였다고 들었어요. 서핑을 하고 사쿠 님의 삶이 가장 크게 달라진 부분은 무엇인가요?

처음 회사에 입사하면서부터 3년 후에 회사를 그만둬야겠다는 생각을 갖고 있었어요. 딱 2천만 원 모아서 퇴사하려고 했거든요. 1년 차에, 아 이거 안 되겠다. 여기서 그만둬야겠다 생각했어요. 왜냐면 길이 보이잖아요, 회사에서. 그래서 서핑을 제대로 하고 싶어서 제일 힘든 곳으로 가자고 해서 돈 모아서 그만뒀어요. 어차피 저는 집이 제주도고, 이호테우가 제 고향이거든요. 내가 이걸 그만둬도 분명히 '고향에 가면 할 게 있다'라고 생각했죠. 회사 일할 때는 서울에 있었거든요. 원래 서울에서 일할 생각은 없었는데 발령을 내니까 거주지가 달라지잖아요, 그게 마음에 안 들었어요. 누군가 제 삶을 결정한다는 게. 갑자기 크리스마스 다음 날 어디 가라고 뭐가 뜨고 발령이라고 사내 게시판 같은 데 막 뜬단 말이죠. 누가 나의 삶을 결정하는가 고민을 하면서 '안 되겠다, 빨리 떠나서 내 걸 만들어야겠다' 생각했습니다.

6. 서핑을 해야겠다는 마음을 어떻게 확신했는지 궁금해요. 어떤 결심이 있었나요?

저는 그냥 주변에 있어서 하는 건데, 제가 만약에 강원도에 살았으면 서핑 안 하고 스노보드를 타지 않았을까요? 그렇게 주변에 있는 걸로 순리에 따라서 사는 게 좋다고 생각해요.

7. 지금은 제주 이호테우에 계시면서 키위 브라운 Kiwi Brown이라는 서핑 스쿨을 운영하고 계시는 걸로 알고 있어요. 서핑샵은 운영한 지 얼마나 되셨나요?

사실 운영하게 된 건, 제가 원해서 시작한 게 아니고 먼저 누군가 알려달라고 해서 시작하게 되었어요. 올해 처음 대중적으로 간판도 달고 공개를 하게 된 거죠. 전에는 지인분들이나 관광객들이 많이 제주에 오시잖아요. 그런 분들보다는 제가 생각하기에 서핑은 계속해야 하고 라이프 스타일 중 하나이기 때문에 계속할수록 재미있다고 생각해요. 그렇다 보니 지역에 있는 친구들이나 어린이들, 계속하고 싶은 사람들 위주로만 강습을 했었어요. 올해부터 시작한 거는 아내가 되게 오거나이징을 잘하거든요. 그래서 예약이나 이런 것도 다 아내가 해주고, 저는 수업만 하고 있어요.

8. 사쿠 님의 SNS계정에서 물구나무하시면서 서핑 타는 모습 너무 인상적이었어요. 그렇게 서핑하는 모습이 저희한테도 많은 영감을 주고요, 사쿠 님이 서핑을 대하는 자신만의 철학이 있나요?

This is not about a skill, but about message. 그러니까 제가 페루에 간 이유도 잘하고 싶어서, 남들 이기고 싶어서, 최고가 되고 싶어서 갔어요. 근데 너무 멀어요. 이미 거기 살고 있는 애도 있고, 프로의 세계 그러니까 이런 스포츠의 세계는 누군가와 경쟁하는 세계가 진짜 살벌하거든요. 제가 며칠 전에도 일본에 다녀왔는데 진짜 살벌하게 서핑하고 다들 프로를 원한다면 '어릴 때부터 어디 가서 트레이닝을 받아야 돼'라고 생각을 하는데 근데 서핑의 세계는 그것보다 더 깊고 넓었어요. 왜냐면 타는 걸로 치면 이 사람이 더 잘 타는데 멋이 있는 사람은 따로 있거든요. 궁금했어요, 왜 이렇게 이 사람은 잘 타는 것도 아닌데 멋이 있을까. 그런 사람들은 철학이 있고 굉장히 여유가 있고 자기만의 스타일이나 삶의 가치관이 뚜렷한 사람들이었어요. 심지어 그런 사람들은 어디 나가지도 않고 인스타 같은 것도 안 하고, 그냥 동네 도사 같은 사람들이 있어요. 저는 프로자격증도 있지만, 어디 가서 막 이렇게 안 하고 도사라고 하거든요. 지리산에 어디 아귀, 짝귀 이런 것처럼요. 철학. 제가 물구나무 서기한 것도 사실 점수에는 아무 영향이 없고 그것 때문에 진지하게 하는 분들한테는 욕도 많이 먹었지만, 재밌잖아요.

이기는 것보다 보는 사람들이 재밌어야 된다고 생각하거든요. 서핑은 자기가 너무 재밌기 때문에 보는 사람들을 좀 신경 쓰지 않는 면이 있다고 생각을 해요. 다른 스포츠처럼 서핑도 대중화가 되기 위해서는 좀 더 재밌는 면이 있어야 되지 않나 라는 생각도 들고요. 서핑을 하시나요?

9. 저도 서핑을 배워보고 싶은데 그런 사람들을 위해 한마디 해주세요!

해보세요! 재미있어요. 삶을 윤택하게 해 주지만 너무 빠지면 위험한… 서핑은 사랑하듯이 해야 하는 것 같아요. 너무 좋다고 껴안고 들어가 버리면 자기 자신을 잃게 되는, 그런 매력이 있죠.

10. 사쿠 님이 서핑을 하면서 가장 좋았던 순간이 있나요?

좋은 파도를 만나는 시나리오를 쓰거든요. 너울만 봐도 이걸 어떻게 어디서 잡아서 어떤 부분에서 뭘 하고 어떤 기술을 넣고 어떻게 마무리해야지 마치 마음에 드는 이상형을 봤을 때 이 사람하고 애 낳고 잘 살아야지라고 생각하잖아요. 그게 진짜로 됐을 때가 가장 좋아요. 고수들은 파도가 아직 나한테 오지 않아도 이미 머릿속으로 다 알고 있단 말이죠. 살짝 물결만 봐도 이걸 이렇게 타서 이렇게 해야지 했던 그 계획이 다 맞아떨어졌을 때가. 여기서 행텐, 여기서 마무리, 여기서 물구나무서기. 잘 타는 사람들의 라이딩을 보면 마치 밥로스의 그림처럼 이미 그려져 있는 것처럼 탄탄 말이죠, 이미 알고 있는 것처럼. 마치 하나의 그림이나, 하나의 시나리오, 드라마처럼. 저는 드라마가 있는 서핑을 좋아해요.

11. 서핑을 다양하고 재밌게 즐기시는 것 같아요!

저희가 추구하는 서핑은 춤 같은 거죠. 파도랑 같이. 메뉴버(Maneuver)를 만들면서, 파도가 무도회장의 파트너라면 에스코트부터 마무리까지 같이 호흡하면서 그 중간에 나만 빠지면 매너가 아니죠. 부드럽게 때론 강하게, 같이 춤을 춘다고 생각해요.

12. 사쿠 님의 서핑을 대하는 면이 굉장히 인상적이네요. 심지어 강아지도 같이 서핑을 한다고 들었어요!

네, 저희 너구리(강아지 이름)요. 너구리는 새끼 때 제가 서핑시키려고 바다에 처음 데려갔는데 파도가 너무 커서 그때 한 번 뒤집어져서 물을 무서워했었어요. 근데 저희가 키위 브라운을 운영하면서 너구리를 자주 바다에 데려갔어요. 그러더니 갑자기 미역을 막 먹는 거예요, 물속에서. 막 파가지고 먹더라고요. 그래서 바다랑 다시 좋아졌어요. 여름에는 해안 경계선 때문에 물에 못 들어가는데 가을, 겨울 되면 같이 놀아요.

13. 좋아하는 서퍼가 있나요?

나. 저는 제가 제일 좋아요. 옛날에는 좋아하는 사람 쓰려면 진짜 a4 용지 10장 나왔거든요. 근데 저희 선생님, 그러니까 제 서핑 선생님이 각 지역마다 있어요. 저는 항상 배우고 싶거든요. 그들의 생각이요. 제가 좋아하는 서퍼가 있으면 그 사람한테 찾아갔어요. 그래서 미국이랑 남미를 간 거예요. 사진도 찍고 얘기도 좀 하고, 그 사람의 스타일을 배우려면 유튜브만으로는 안돼요. 가서 봐야 돼요. 어떤 노래를 듣는지 어떤 차를 타는지, 그런 게 다 서핑 스타일에 묻어나는 것 같아요.

그렇게 살고 있기 때문에 그렇게 타는 거예요. 그걸 유튜브에서 보고 따라 해도 안돼는거죠. 그들이 듣는 음악을 듣고 타는 차를 타고 보는 뷰, 그런 마인드를 조금이라도 익히면 어떤 건지, 따라 하는 게 아니라 실제로 어떤 건지 알면 이해가 되요. 왜 그 동네 사람들은 그렇게 서핑을 타는지, 왜 리쉬를 안 하는지 등 여러가지 말이죠.

14. 그럼 혹시 가봤던 서핑 장소 중에 가장 애정하는 곳이 있나요?

남미의 치카마. 페루에 있는데, 거기는 레프트 포인트가 세계 신기록 5분 넘게 탈 수가 있어요. 파도 하나로. 되게 크고 엄청 좋고요. 공룡 시대에 서핑하는 듯한, 원형의 파도를 타면 되게 영험한 기분이 들어요. 뭔가 영적으로 동요되고, 고양되고 새로운 지평을 연 것 같은 그런 느낌이 들면서.

15. 제주도 파도는 어떤 것 같아요?

최고죠. 저는 여기 사는 이상 파도 탓을 하면 안 된다고 생각해요. 이호테우 파도도 그렇게 좋은 편은 아니지만 분명히 있거든요. 그래서 그 안에서 만족하면서 타려고 해요. 태풍 오면 또 파도 좋고, 그리고 집이잖아요. 마음 편하게 탈 수 있는.

> 잘 타는 사람들의 라이딩을 보면 마치 밥로스의 그림처럼
> 이미 그려져 있는 것처럼 탄단 말이죠 이미 알고 있는 것처럼.
> 마치 하나의 그림이나 하나의 시나리오, 드라마처럼.
> 저는 드라마가 있는 서핑을 좋아해요.

16. 매일 서핑을 타러 가시나요?

저희는 일 때문에 매일 가기는 하는데, 타고 싶을 때 타긴 해요. 그런데 매일매일은 하지 않아요. 맨날 하면 멍해지고 좋은 바이브가 안 나와요. 서핑도 계속하면 어느 정도까지는 되거든요. 근데 마치 사랑하듯이 더 잘하고 싶으면 좀 거리를 둘 줄 알아야 해요. 서핑에 빠져서 갑자기 직장 그만두고 인생을 엄청나게 바꾸는 분들도 있지만 제가 생각하는 기준에서는 자기 일을 제대로 하면서 밸런스를 맞추면서 하는 사람들이 멋지다고 생각해요. 저는 멋이 나야 된다고 생각해요. 멋은 향기 같은 거죠, 멋은 흐른다. 일주일에 한 번만 하는 사람이라도 딱 장비 잘 챙겨서 자기 할 만큼 하고 집에 가는 모습이 멋있었어요. 예전에 저도 하루 종일 서핑을 한 적이 있었단 말이죠. 아침부터 저녁까지. 그러면 바다에 사람들이 왔다 갔다 하잖아요. 기분이 되게 이상한 거예요. 며칠 그렇게 나는 계속 바다에 있는데 '나 일하러 가야 돼'하면서 가는 거예요.

파도 너무 좋은데, 그 사람 입장에서는 파도 좋은데 아쉽지만 가는 거겠지만, 계속 바다에 있는 사람은 되게 기분이 이상해요. 그래서 저는 그때 서핑 그만해야겠다 생각했었어요. 대학교 때. 너무 빠져서 이 상태로 가다가는 인생이 뭔가 내가 파도를 타는 게 아니라 파도가 나를 타는 것 같은 거죠. 그때부터 공부해서 좋은 회사에 들어갔어요. 다시 돌아오기로 약속하고. 그래서 직장을 3년 후에 그만두려고 한 거예요. 너무 서핑이 무서워서 그만둔 케이스였어요.

17. 대학생 때 시작하자마자 서핑에 너무 빠져서 서핑에 잡아 먹힐 것 같은 두려움이 들었던 거군요, 지금의 사쿠 님이 있게 만든 계기이기도 하고요.

그렇죠, 만약 그때 '서핑샵에서 아르바이트해야지 해서' 들어갔으면 아마 지금의 저는 없을 수도 있을 것 같아요. 서핑을 너무 잘하고 싶어서 회사도 그만두고 최고가 되고 싶었지만, 막상 해보니 최고의 길은 너무 어려운 길이었다. 하지만 멋있는 사람들을 만나면서 내 내면의 멋이랑 내가 가지고 있는, 바다를 사랑하고 도사 같은 사람처럼, 동네에 한 명씩 있는. 산에 가면 노루 있잖아요, 그런 노루 같은 존재로 남아서 물론 지금 사람들에게 서핑도 알려주긴 하지만 스스로 피어나게, 마치 자기 자신의 그런 멋을 스스로 피워낼 수 있도록 도와주는 역할을 하고 있다고 생각해요. '이렇게 해, 저렇게 해' 이런 것보다 지금 할 수 있는 선 안에서 사람마다 다 한계가 있잖아요. 어떤 분은 몸이 아프신 분도 있고, 서핑을 많이 못하시는 분들도 있지만 그 한계 안에서 연습하는 모습, 최선을 다하는 게 아름답다고 생각해요. 그걸 즐긴다면, 최고의 서퍼가 최고의 기술을 하는 거나 거의 차이가 없다고 봐요.

18. 사쿠 님이 좋아하는 음악도 궁금해요. 무슨 음악을 좋아하시나요?

저는 디스코 펑크요. 직접 디제잉도 하고(웃음).

최선을 다하는 게 아름답다고 생각해요.
즐기는 거나 최고의 서퍼가 최고의 기술을 하는 거나
거의 차이가 없다고 봐요.

SAKU

JOURNAL

GAEUNNI

서핑을 사랑하는 '개언니' 민혜 님의
웰시코기 2마리와 함께하는
제주도 서핑 라이프 이야기

Photos by SANGBUM YOON

저한테 서핑이란...
새로운 삶의 문을 열어준 스포츠
그 이상의 것!

안녕하세요 민혜 님 바쁜 시간 내주어 감사합니다! 김서프에서 마케팅을 담당하고 계신다고 들었습니다!
김서프를 볼 때마다 너무 유쾌한 이미지가 떠오르는데요! 김서프 크루의 젊은 이미지를 잘 마케팅해 주신 민혜 님 덕이 아닌가 생각했습니다!

1. 어떻게 하다가 서핑에 입문하게 되셨어요?

> 제가 스노보드를 오래 타서 자연스럽게 판때기(?) 스포츠에 관심이 많았어요. 스케이트보드도 타고 웨이크 서핑도 타보고 그러다가 자연스럽게 바다에서 서핑도 접해보게 되었습니다.

2. 제주도로 온 지는 얼마나 되셨나요? 서핑 때문에 오신 걸까요? 민혜 님에게 서핑이란?

> 제주에 완전히 정착한 지는 3년 조금 넘었어요. 양양에서 처음 서핑을 경험하고 신세계를 경험했어요. 제가 물 공포증이 너무 심해서 서핑을 하고 싶어서 프리다이빙을 배웠어요. 그러고 제주에 한 달 살이 하면서 제대로 서핑을 시작했고, 푹 빠져버렸어요. 그 이후로 1년을 준비해서 제주로 이주했으니 서핑 때문에 왔다고 할 수 있죠.
> 저한테 서핑이란…
> 새로운 삶의 문을 열어준 스포츠 그 이상의 것!

3. 발리 트립에서 태양님과 두 분이 찍으신 영상이 너무 보기 좋더라고요. 작년 갔던 스폿 자랑 좀 해주세요

> Klotok이라는 스폿이 기억에 나요. 공장처럼 라이트 파도가 들어오는 곳인데, 파도가 엄청 큰 날도 많아서 성게에 찔리고 말리고 다치고 별 일이 많았지만 진짜 짜릿하게 서핑해서 너무 기억이 남아요. 그리고 무엇보다 라인업에 앉아 있으면 중문에서 한라산을 바라보는 것처럼 아궁산이 보이는데 발리 스러우면서도 제주가 생각나는 스폿이에요.

4. 인스타 아이디가 "개언니"잖아요 너무나 어울리는 아이디라고 생각했습니다. 두 코기를 키우시는데, 제주에서 두 코기를 키운다는 것 장점과 단점을 말씀해 주세요!

> 제주에서 두 코기와 사는 장점은 도시와는 다르게 모든 걸 같이 할 수 있다는 것!
> 단점은 함께 살 집을 구하기가 정~~~~~말 힘들다는 것!
> 제주로 이주를 결심한 이유 중 반은 이 친구들 때문이었는데 저도 에콜키도 행복하게 잘 지내고 있는 것 같습니다.

5. 중문의 서핑 문화가 사실 좀 보수적인 면이 있는 것처럼 보여요. 좀 폐쇄적이랄까 라인업 싸움도 있고 특히 서핑샵들은 더 그럴 수도 있잖아요. 이런 문제에 대해 어떻게 생각하세요? 또 앞으로 중문 서핑 문화 해결 방법에 대해서 생각하시는 부분이 있나요?

저는 중문 외 다른 곳에서 많이 서핑을 해보지 않아서 중문 서핑 문화가 보수적인지 잘 모르겠어요. 저야말로 외부에서 유입된 서퍼인데 항상 행복 서핑 하고 있습니다. 제가 서핑을 시작한 지 3년 차인데 사견으로는 서핑 문화가 우리나라에 예전부터 존재하던 게 아니다 보니 급격하게 늘어나는 서핑 인구로 인해 제대로 자리잡지 못해 생기는 문제들이 있는 것 같긴 해요. 파도는 한정적이고 사람은 많고, 우리에게는 국제적으로 통용되는 서핑 에티켓이 있잖아요! 로컬을 리스팩하고, 드롭하지 않기 등등 에티켓 잘 지킨다면 문제가 없지 않을까요.

6. 어린 시절, 캐나다에서 공부하셨다고 들었어요. 캐나다에도 밴쿠버 아일랜드 토피노가 서핑 스폿으로 유명하던데, 캐나다와 제주를 비교하자면, 서로 어떤 장단점이 있나요? 추천해 주실 만한 스폿이 있으신가요?

그때는 서핑에 대해 잘 몰랐어요. 캐나다에서도 스노보드만 열심히 탔거든요. 한번은 체육 선생님 부부가 집에 초대해 주셔서 서핑을 가르쳐 주신다고 다 같이 바다에 간 적이 있었는데, 제가 물을 무서워할 때라 같이 해보지 못했던 게 아쉽네요. 제가 있던 지역이 동부 끝 쪽이라 바다가 많았는데 그때부터 해볼 걸 그랬어요. 캐나다에서도 엄청 시골에 살다 와서 항상 자연과 함께 했었고, 그때의 영향으로 자연스럽게 제주로 와서 살게 된 게 아닌가 싶네요.

'시간을 낸다'가 가장 중요한 포인트인 것 같아요.
시간이 나면 해야지 하면 아무리 제주에 살아도
아무것도 못하게 되더라고요.
계획을 세우고 시간을 낸다면 도시에 살던 제주에 살던
건강한 취미생활과 레저생활을 즐길 수 있을 것 같습니다!

7. 요즘 뉴스에서 보면 서울이나 도시에서 흉흉한 사건들이 많이 일어나잖아요. 자연을 즐기고 여유를 가지는 문화가 건강한 정신과 몸, 건강한 사회를 만드는 데 역할을 할 수 있다고 생각하는데요. 도시에서 혹은 제주에서 서핑이 아니더라도 레저 생활을 즐길 수 있는 꿀 팁 있을까요?

'시간을 낸다'가 가장 중요한 포인트인 것 같아요. '시간이 나면 해야지'하면 아무리 제주에 살아도 아무것도 못하게 되더라고요. 계획을 세우고 시간을 낸다면 도시에 살던 제주에 살던 건강한 취미생활과 레저생활을 즐길 수 있을 것 같습니다!

8. 여행을 많이 다니시는 것 같은데, 가장 기억에 남는 여행 장소를 알려주세요

예전에 가족들이랑 강아지들이랑 강원도 한 해변에서 노지 캠핑을 한 적이 있어요. 사람도, 아무것도 없는 곳에서 2박 3일 동안 먹고 뛰어놀고, 밤에는 별 구경하고, 아침에는 해 뜨는 구경 하고… 참 원초적으로 시간을 보냈는데 너무 행복했던 추억이라 기억에 남아요. 그때도 물을 무서워할 때라 바다에는 안 들어갔는데, 강아지들 리드 줄도 풀어놓고 다른 사람들, 다른 강아지들 신경 안 쓰고 3일 동안 생활해 본 적은 처음이라 기억에 남는 여행이었습니다.

9. 마지막으로 민혜 님의 앞으로 꿈은 무엇인가요?

감사하게도 꿈꾸던 일들을 많이 이루었어요. 지금은 잠시 다음 꿈을 준비하는 시간인 것 같아요! '앞으로도 이룰 수 있는 나만의 꿈을 정하고 싶다!' 이게 지금 제 꿈인 것 같습니다.

JOURNAL

JONG SOO HONG

프로 숏보더 종수의 서핑이야기와 러브 스토리
그리고 '여행같은 삶'을 이야기하는 그의 브랜드 '멧엔멜'

Photos by SANGBUM YOON

1. 안녕하세요, 종수님! 프로 숏보더로 활약을 하고 계신데, 사롱 브랜드, 맷앤맬 대표님이시기도 하잖아요. 어떻게 서핑을 하면서 멧앤멜 브랜드를 시작하게 되었는지 궁금해요.

사실은 서핑을 하기 위해서 멧앤멜을 시작하게 된 거나 마찬가지예요. 꽤 오래전에 서울에서 게임회사를 다니다가 그만두고, 필리핀, 인도네시아 도시들을 여행하던 중에 서핑 트립을 다니면서 사롱이라는 걸 자연스럽게 사용했었고, 저렴한 숙소에서 지내다 보니 바닥, 침대가 너무 더러워서, 사롱을 깔고 자고 수건으로도 쓰고 옷 갈아입을 때에도 사용하고 자연스럽게 늘 가지고 다녔어요. 지금의 아내가 디자이너거든요. 발리에서 같이 생활하면서 '이런 거 한국에도 있으면 좋겠다'라고 생각했고, 저도 그때 한국에서 서핑 캠프를 했었으니까 괜찮을 수 있겠다 생각해서 시작했어요. 그럼 어쩔 수 없이 발리에 출장을 자주 가겠네! 싶어서요. 사실 사심이 조금 있었습니다.(웃음) 그렇게 제 영어 이름의 MATT 그리고 와이프의 영어 이름 MEL을 합쳐 'MATT AND MEL'이 시작된 거죠.

2. 서핑을 하면서 브랜드도 운영하고, 자연스럽게 사업 아이템으로 같이 운영할 수 있는 시스템을 만드신 거네요.

그렇죠. 시작하면서 8-9년 동안 매년 발리에 3개월씩 가 있었어요 한국 겨울에. 새벽에는 파도 타고, 낮에는 업무 보고, 그렇게 라이프 스타일이 맞춰졌고, 지금도 언제나 파도 탈 수 있는 환경 속에 있으면서 일을 하고 있죠.

3. 요즘 많은 분들이 가장 원하는 라이프 스타일이 아닐까 싶어요, 일도 하면서 내가 좋아하는 일을 꾸준히 하는 거!

하지만 이것도 많은 걸 포기하고 있는 거죠. 제가 지금 제주에 있지만 서울에 있었으면 훨씬 더 브랜드가 성장할 수 있었겠다 생각해요. 돈도 더 많이 벌 수 있을 것 같아요. 그런데 서핑 라이프 스타일을 지속 가능하게 하기 위해서, 제주도에서 업무를 하다 보니, 일적으로 포기하는 것도 많아요. 대신 서핑을 자주 할 수 있으니 지금은 좋지만, 삶의 목표가 때에 따라 조금씩 변하니까 그에 맞게 건강한 삶의 밸런스를 자의로 맞춰갈 수 있어서 좋은 것 같습니다.

4. 태풍 오는 날, 서핑을 안 하는 분들은 바다가 위험하다고 생각하는데 오히려 서퍼들은 태풍 오는 바다를 좋아하잖아요. 어떻게 보면 그런 위험한 상황을 즐기고 이겨내면서 느끼는 희열감이 남다른 것 같아요. 종수 님한테 서핑이 주는 그 위험을 이겨내는 매력적인 부분은 무엇인가요?

요즘 느끼는 건, 그래도 '나 아직 살아있다.'입니다. 제가 원래 운동선수였거든요. 운동선수였을 때는 시합도 나가고 항상 육체적 한계에 부딪히다가 나이가 들면서 또 점점 사업도 커지면서 멀어졌어요. 근데 그 멀어지는 자신이 한번씩은 서럽기도 하고 외롭기도 하고 한데, 서울에 특히 오래 올라가 있으면 '나는 서핑을 하는 사람인가?'라는 생각도 들고 까먹을 때도 있어요. 바다 들어갈 때도 어색하고, 근데 제주 내려와서 바다에 들어가면, 몸이 알아서 기억을 해주는 거예요. 그때 '아! 나는 살아있구나'싶은 거죠. 그리고 태풍 올 때 서핑을 하는 이유는 한국이 그렇게 파도가 많은 곳은 아닌데 태풍 올 때는 그래도 포인트를 잘 찾으면 해외 못지않은 파도가 들어와요. 여기, 아내가 해준 건데 타투가 있어요. 'No Risk, No Fun'이에요. 리스크 없이는 재미도 없다. 삶에서 언제나 밸런스를 조절해야 하잖아요. 리스크가 크면 즐거움도 크게 오고, 하지만 리스크가 적어지면 즐거움도 좀 적어지고. 그거를 평생 저울질하면서 살게 되는데 파도를 탈 때 그게 너무나 명확하더라고요. 정말 크고, 샤프하고, 영화에서 나오는 그런 베럴은 파도만큼 수심이 깊어야 하는데 상대적으로 수심이 얕아서 생명을 걸고 들어가야 되는 거거든요. 제가 인도네시아 오지, 숨바와라는 곳에서 베럴을 타다가 떨어져서 머리를 박아서 머리를 꿰맨 적도 있었죠.ㅎㅎ

5. 이미 큰 위험을 경험하신 적이 있으셨네요!

네. 그때 앞으로는 몸을 어떻게 보호해야 되겠다는 걸 많이 알게 된 것 같아요. 처음부터 바다에 들어갈 때 그런 리스크를 알고 들어가지만 성공했을 때, 그 희열과 쾌감은 훨씬 큰 아드레날린으로 돌아오는 거죠. 그래도 이제 요즘은 많이 조심하고 있어요. 아니까요, 사실 아는 만큼 더 무섭거든요. 바로 뒤에 돌이 있는 게 보이면, 심적으로 두려워지는데, 두려움을 용기로 극복해서 시도하고 성공해서 제대로 재밌게 탔을 때 그 성취감과 아드레날린이란!

6. 서핑이라는 스포츠는 정말 생명을 걸고 하는 익스트림 스포츠라는 생각이 드네요.

익스트림 스포츠라는 게 어쨌든 이것도 자극에 익숙해지다 보니까 더 큰 자극을 해야 재미가 있는데 사실은 한계가 있잖아요. 한계도 있고 나 스스로 '저걸 하면 위험하다'라는 것도 보이니까 거기에 맞춰서 조절을 하면 되는 것 같아요.

7. 원래 종수 님이 게임 회사를 다녔다고 알고 있어요. 어떻게 서핑에 전념하게 되었나요?

그때도 주말마다 서핑을 하고 있었어요. 처음에는 스노보드를 탔었고 다음에는 스케이트보드를 탔고, 그러다 서핑을 알게 돼서 서핑을 시작했는데, 그 순간 '이제 평생하고 살겠다!'라고 느끼게 되었어요. 이런 스포츠를 한 덕분에 회사 생활을 더 오래 할 수 있었어요. 게임 회사는 기획자로 9년 동안 일했어요. 원래는 한 5년 정도 하고 때려치웠을 텐데, 운동을 하는 덕분에 그나마 더 오래 할 수 있었던 거 같아요.

*출처 무신사플레이어

8. 그럼 종수 님은 언제 처음 서핑을 접했나요?

회사 다닐 때였는데 26살이었던 거 같아요. 주말 되면 짐 싸서 양양으로 갔어요. 그때는 양양에 아무것도 없어서 바다에 텐트 치고 서핑하고 밥 먹고 자고 서핑하고 계속 그걸 반복했었죠. 금요일 밤에 출발해서 일요일 밤에 돌아오는 스케줄로. 처음에는 제가 스노보드 강사 자격증이 있었어요. 강사로 활동했던 적이 있었는데, 그곳에서 만난 제 스승님이 서핑을 먼저 하면서 저도 자연스럽게 서핑을 시작했다가, 그냥 한 번 타보고 '아! 난 평생 서핑하면서 살겠다!'라고 생각해서 장비 다 사고 제대로 시작을 한 거죠.

9. 스노보드, 스케이트 보드, 서핑까지 쭉 연결되는 지점이 느껴지는데, 스노보드 자격증은 어떻게 따게 되셨나요?

스노보드는 WSF 레벨 3이라는 걸 운영하고 있어요. 레벨 2도 있고, 레벨 3도 있는데, 한국에 한 15명 정도 있고, 헤드 이스트라 하면 한 10명 정도 되거든요. 이것도 제 젊음을 여기에 많은 시간 투자해서 이런 기능을 가지게 되었고, 이게 옆으로 가는 운동을 많이 하다 보니까 스케이트 보드를 좀 더 쉽게 탈 수 있었던 거 같아요. 서핑도 패들 할 때는 어렵지만 라이딩을 할 때는 스노보드 기능들이 많이 적용이 된 것 같아요.

10. 모든 운동은 체력이 사실 가장 기본이잖아요. 익스트림 스포츠를 즐기시는 종수 님은 평상시 체력을 위해 또 다른 운동을 하는 게 있나요?

보통은 매일 하루 한 번, 이틀에 한 번은 서핑을 해서 다른 운동을 따로 할 필요가 없었어요. 서핑을 가장 좋아했던 큰 이유 중 하나는 막 먹어도 된다는 거였거든요. 예전 운동선수하던 시절에는 시합을 앞두고 있으면 체중 조절이나 웨이트를 따로 해야 하는데, 서핑은 이틀에 한 번씩만 해도 살이 쭉쭉 빠지더라고요. 고기를 먹던, 어떤 음식을 먹어도 관리가 되더라고요. 그런데 그렇게 하지 못할 때는 헬스를 허거나 집에서 맨몸 운동을 합니다. 어쨌든 몸이 준비가 되지 않으면 갑자기 바다에 들어갔을 때 괴로움밖에 없거든요.

11. 서퍼들 사이에서 중문의 최종수라고 로맨티스트로 알려져 있어요! 대회 나가서 1등 하시고 프러포즈를 했다고 들었는데, 어떻게 그런 계획을 구상하셨나요?

아내는 원래 서핑을 하지 않았어요. 처음에 제대로 강습을 받지 못했어요. 서핑을 하러 갔을 때 마침 태풍 파도가 있었고 숨이 찰 때까지 파도에 말리다가 결국 서핑을 좋아하지 않게 되었어요. 그렇게 서핑을 좋아하지도 않는데, 저를 만나서 해외 유명 서핑 스폿만 4년 정도 여행을 같이 다녔어요. 바다에서 저를 기다리면서 맥주 마시면서 혼자 그림을 그리곤 했죠. 그러다가 나중에 발리에 같이 갔는데, 아까 말씀드렸던 발리의 사롱, 패브릭 사업에 대해 얘기를 하다가 와이프가 그림을 그리는 걸 좋아하니, 여행 같은 삶을 사는 우리를 주제로 사롱 브랜드를 만들면 좋겠다 생각했고, 자연스럽게 프러포즈 이야기도 나왔어요. 내가 우승을 해서 당신한테 프러포즈를 하면 내가 가장 나다운 게 아닐까라고 호언히 얘기했다가 마음에 파고 들어왔던 거죠. 제가 제주에 있을 때 좀 더 비기너 시절이었어요. 대회 전날 바다에 나갔다가 태풍 파도를 만났어요. 멋 모르고 갔다가 바닥에 꽂혀서 죽을 뻔했어요. 그때가 서핑 2년 차였는데, 그날 두 번 죽을 뻔했거든요. 한번 죽을 뻔해서 돌로 나왔는데 다시 나갔다가 또 죽을 뻔했죠. 제가 나중에 제주에 다시 와서 꼭 복수를 하겠다 생각했죠. 그때는 파도를 즐겨보다 했었죠. 사실 파도를 이길 수는 없는 건데 제주라는 포인트에서 뭔가 자신감을 얻고 싶었어요. 그래서 발리에서 트레이닝도 하면서 맷앤맬 사업도 오픈하고 바쁜 와중에, 이제 대회 준비 잘해서 프러포즈를 하면 가장 좋겠다 싶었던 거죠. 6월 제주 대회할 때 일주일 먼저 사업 내팽개 치고 내려와서 차에서 자고 먹고 하면서 서핑하다가 열심히 노력했던 것 같아요. 정말 그날은 세상이 저를 중심으로 돌아가줬어요. 하늘이 도와줘서 우승을 하고 단상에서 프러포즈했죠. 바다에서 나와서 뛰어가서 사실 반지 사러 갔었어요. 파도 모양의 실버 반지를 단상에서 끼워줄 수 있었죠.

12. 진정한 로맨티스트의 모습이네요, 많은 프러포즈를 준비하시는 분들이 쉽게 따라 할 수는 없겠지만요(웃음). 그럼 다음 질문으로 넘어가서, 종수 님에게 가장 영향을 준 서퍼가 있나요?

사실 저는 모든 운동은 보는 것보다 직접 하는 걸 좋아해서 서핑은 탑 플레이 서퍼들은 다 봐요. 그리고 저를 대입을 해요. 영상 찍은 걸 대입해서 피드백하고 혼자 채찍질을 많이 하는 편이에요. 비교하기보단 잘못된 걸 찾는 거죠. 물리적으로 보면서, 스노보드도 지구과학이거든요. 결과적으로는 중력, 반작용 이런 것들을 보는 버릇이 있으니까 계속 잘 타고 싶어서 보는 거죠. 잘 타면 더 재밌거든요. 똑같은 파도인데 잘 타면 더 재밌어요. 그러기 위해서 재미를 찾아서 잘 타려고 노력하는 거죠. 대부분의 프로페셔널 서퍼들을 다

보고, 한 명만 보지는 않아요. 다양한 문화를 다양하게 보고, 같은 파도를 탔을 때도 다른 보드를 들고 가서 트레이닝하고요. 저는 트레이닝을 해서 무언가를 이루어냈을 때 쾌감을 느끼거든요.

13. 그래서 어떻게 보면 더 프로페셔널한 서퍼의 길로 가게 된 게 타고난 성향이 있었던 거네요?

성향은 경기 참여하는 것도 좋아하고, 지금도 한 번씩 준비가 됐을 때 시합에 나가는데 이것도 똑같은 자연의 섭리죠. 맨날 서핑하는 친구들과 일하면서 서핑하는 사람은 이길 수가 없어요. 만약 발리에 3개월 갔다 왔는데 한 1-2주 내에 시합이 있다. 그러면 시합을 뛰는 거고, 하지만 비즈니스가 중요한 기간에는 시합을 하진 않아요. 이런 형태로 삶과 밸런스가 맞아야 한다고 생각해요. 비즈니스도 해야 하니까. 지금 감사하게도 제주에서 딸이 태어나서 책임감도 있다 보니, 안전하게 서핑하려고 노력해요.

14. 종수 님의 삶 속에서 서핑이 주는 해소가 있나요?

일을 한 뒤에는 어떤 방식으로든 해소가 필요하잖아요. 저는 그게 서핑인 거죠! 근데 전 사실 헬스장 갔다 오면 스트레스가 쌓여 오거든요. 저는 그래요. 전 서핑을 갔다 오면은 집에 가서 청소를 먼저 할까 빨래를 먼저 할까 설거지를 먼저 할까 그 생각을 하면서 돌아와요. 서핑을 하고 나면 몸도 마음도 건강해져요. 제 스트레스가 잘 풀려야 가정도 행복해질 수 있는 거 같아요. 부부가 같이 풀 수 있는 게 있고, 또 각자가 알아서 해소해야 하는 게 있어서 저는 서핑을 통해서 스트레스를 풀고, 가정에서 웃는 얼굴로 있는 게 가정의 행복에 도움이 되는 것 같아요.

서핑을 하고 나면 몸도 마음도 건강해져요. 제 스트레스가
잘 풀려야 가정도 행복해질 수 있는 거 같아요.

15. 어렸을 적 종수 님이 축구 선수로 활동했다고 들었어요. 어릴 적부터 선수 생활을 하다 보니까 어떤 목표를 세우고 이루는 데 익숙한 환경이었나요? 어린 시절의 종수 님이 궁금해요.

어릴 때부터 운동을 좋아했어요. 사실 공부를 그렇게 잘하는 타입은 아니었고, 운동을 좋아해서 초등학교 때부터 축구와 탁구 두 종목을 같이 했어요. 중학교부터 고등학교 2학년까진 축구랑 탁구를 둘 다 할 수 있었는데, 그때 경남체전에 두 종목 다 참여해서 시합을 뛸 수 있었죠. 그런데 3학년부터 룰이 바뀌면서 하나만 나갈 수 있게 돼서, 탁구부 감독님이 "축구를 하면 넌 11명 중에 1명이지만 탁구를 하면 네가 주장이고 다 할 수 있어 다 밀어줄게!"라고 제안해 주셔서 탁구로 집중하게 되었고, 탁구로 고 3 때 경남 체전에서 우승을 했습니다. 그 이후에 체대를 가야 하나 항공대를 가야 하나, 고민을 하다가 당시 게임도 좋아했던 터라, 부모님의 조언대로 제가 좋아하는 게임 전공으로 대학을 갔죠! 사실은 운동을 좋아하긴 했지만 운동선수로서의 미래에 한계를 느꼈던 거 같아요. 지금의 올림픽 금메달 리스트이자 한국의 탁구 협회에 계신 유승민 선수와 고 3 때 지금은 레전드 같은 분이시지만, 그땐 세대가 비슷해서 그분이랑 몇 번 연습으로 주고받기를 했었어요. 근데 숙련도가 달랐어요. 탁구는 엘리트 스포츠라서 초등학교 때부터 코치가 붙어서 중학교-고등학교-대학교를 다 같이 가요. 한 명만 키우는 거죠. 그것만 해야 했는데, 저는 축구도 했었고 탁구도 한 거라, 결국 시간이 쌓인 사람은 못 이기는 거예요. 물리적으로 똑같은 이치인 거죠. 서핑도 마찬가지고요.

16. 그렇군요. 딸이 태어나면서도 그렇고 바다에 항상 나가는 서퍼로서도 그렇고, 환경에 대한 종수 님의 생각도 궁금해요. 종수 님이 바라보는 미래의 바다, 그리고 지금의 문제에 대한 시선은 무엇인가요?

'환경 문제' 많이 중요하죠. 지금도 동일하게 배러댄서프도 친환경 리사이클 소재를 사용하는 것처럼, 맷앤맬도 리사이클 소재로 다 바꿨어요. 점점 무서워지고 있어요. 제주도 그렇지만, 인도네시아는 정말 바다에 쓰레기가 많아요. 발리는 하천에다 쓰레기를 다 버려요. 비 오는 날이면 쓰레기가 둥둥 떠다니고, 동물 사체도 떠다녀요. 한번은 기름 위에서 서핑을 한 적도 있었어요. 그때는 정말 생활 기름이 아니라 검은 기름이었는데 기름인지 모르고 들어갔다가 타다 보니 기름이더라고요. 나 스스로도 무섭지만 다음 세대에 이 바다를 물려주는 게 무서운 거죠. 이미 지구는 많이 망가져서 기후도 예전과 너무 다르고 사람들이 그것 때문에 피해도 많이 받기도 하고. 그래서 사소한 거 하나라도 지키려고 노력하고 있죠. 예전에는 사람들 만나면 일회용품을 썼지만, 지금은 텀블러로 들고 다니면서 마시고요.

17. 직접 브랜드를 운영하시니까, 맷앤맬 소재를 리사이클로 전부 바꾸셨다고 하셨는데, 여기서 오는 비즈니스적인 딜레마도 있을 것 같아요.

맞아요. 비용적으로는 엄청 많이 들어갔죠. 그래도 결과적으로 더 오래, 모두가 건강하게 살아야 저도 오래 비즈니스를 할 수 있는 거고 그 비즈니스가 나중에 50년 이후에 자식에게 선택지를 줄 수 있기를 바라거든요. 가업을 할 수도 있는 거고, 본인이 하고 싶은 걸 또 할 수 있는 건데. 여러가지 선택지를 줄 수 있는게 좋다고 생각해요. 저도 오랫동안 건강하고 깨끗하게 서핑을 하고 싶고 지금도 사실 후쿠시마 때문에 너무나 무섭거든요.

18. 혹시 딸과 서핑을 같이 하고 싶으신가요?

아직 19개월인데, 사실 저는 시키고 싶지 않아요. 안 시키고 싶어요. 본인이 원한다면 어쩔 수 없는 건데, 피부 너무 빨리 상해요. 제가 생각보다 예전에는 뽀얀 사람이었답니다(웃음). 선크림을 발라도 금방 피부가 상해요! 자외선과 소금물이 피부에 제일 안 좋으니까요. 그리고 크게 다칠 수도 있고, 가장 쉽게 다치는 종목이 스케이트보드, 스노보드, 서핑 순이고요. 가장 크게 다치는 게 서핑, 스노보드, 스케이트보드인 것 같아요. 가장 죽을 수 있는 위험도가 큰 종목이 서핑이라서.. 앞에서는 피부 상하니까 안된다고 하지만, 근데 서핑이 위험한 걸 아니까 안된다고 하는 거죠. 같이하고 싶은 로망이 없습니다 저는.

19. 정말 안전한 파도가 있더라도 위험성은 배제하기 힘든 것 같아요. 특별히 파도를 생각해서 제주로 정착하게 된 이유가 있나요?

강원도에서도 2년 정도 살았어요. 제가 제주에 있는 이유는 원래 집은 부산이고, 서해 가서 타고 그랬는데 가장 간편한 복장으로 오래 탈 수 있는 곳이 이곳이라서, 해외 같은 파도가 있어서 여기 살고 있는 거죠.
사실은 파도 차트, 물 때를 보고 애기들 탈 수 있을 때에 같이 타면 되기는 하는데 괜히 같은 피라서 맛들려서 계속 타자고 할까 봐(웃음).

20. 마지막 질문으로, 앞으로 도전하고 싶은 과제가 있나요?

사실 저는 서핑은 매번 도전하고 있는 것 같고요. 지금도 프로라고 하지만 프로도 1~10등이 있고, 20~30등이 있어요. 당연히 어릴 때부터 훈련하고 지금도 훈련하는 친구들이 1,2,3등을 하는 거죠. 그럼에도 불구하고 제가 관리를 잘하고 시합에 나갈 때 잘 하는 친구들이랑 같이 시합을 하는 것 자체도 너무 좋고, 제가 살아있다고 느끼기 때문에, 앞으로도 계속 도전하고 싶어요.

2024년 6월 20일부터 6월 23일까지 4일간 제주도 중문 색달해수욕장에서 2024년 제주 오픈 서핑대회가 개최되었다. 2003년 8월 국내 최초로 열린 제1회 웨이브클럽 전국 서핑대회를 시작으로 국내서핑대회에서 가장 역사가 깊은 대회였지만 코로나 이후 몇년간 개최되지 못했다가 2024년 드디어 재개되었다.

4년만에 재개되는 대회인 만큼 그동안 보여주지 못했던 기술을 선보인 프로선수과 신예들의 대결은 물론 다양한 메뉴버와 에어리얼 기술까지 뽐내는 주니어부의 눈부신 등장은 한국 서핑의 발전이 매우 빠르다는 것을 확인할 수 있는 자리였다. 대회 기간 동안 힘 있고 좋은 파도가 들어오는 중문바다에는 서퍼들의 멋진 퍼포먼스와 갤러리들의 벅찬 기쁨과 탄성이 가득했다. 해변으로 이어지는 아름다운 길목을 내려가면 펼쳐지는 야자수와 주상절리 절벽, 그리고 힘 있는 파도, 하르방 트로피로 대표되는 제주 서핑대회의 모습을 담아보았다.

JEJU OPEN SURFING CONTEST 2024

155

JEJU OPEN SURFING CONTEST 2024

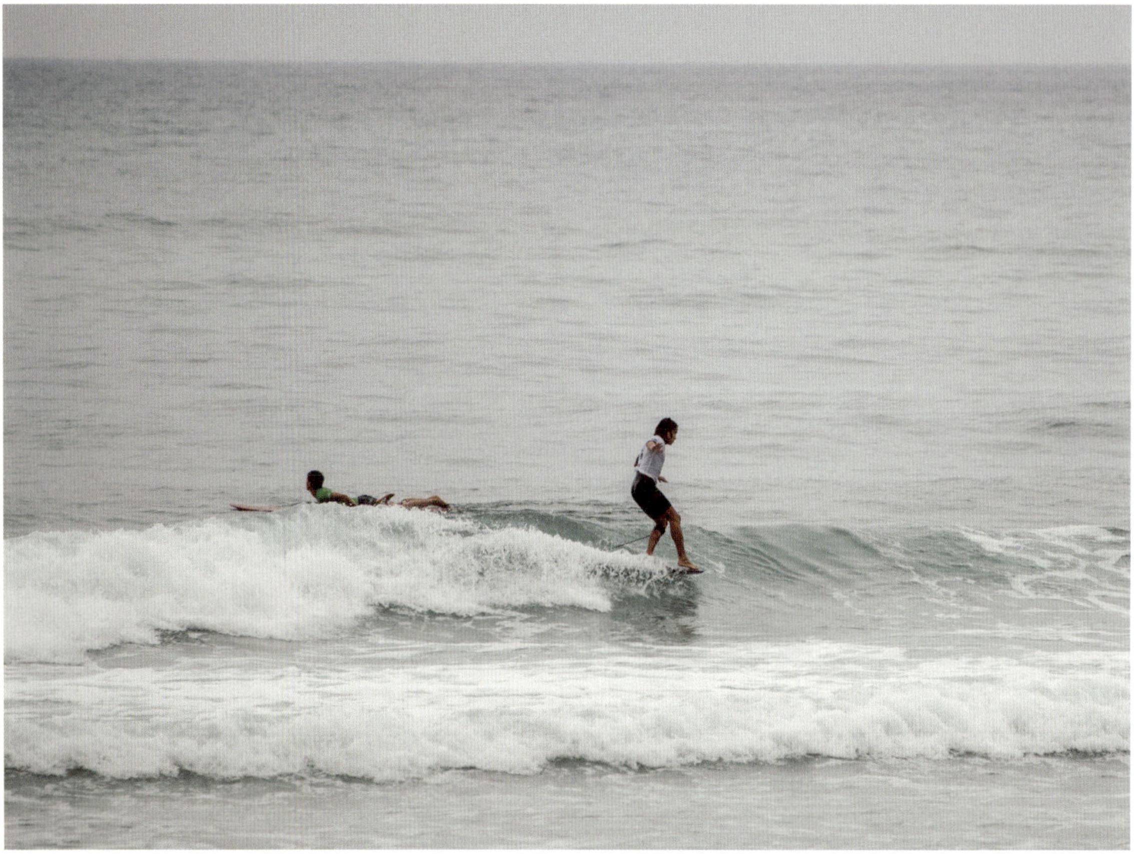

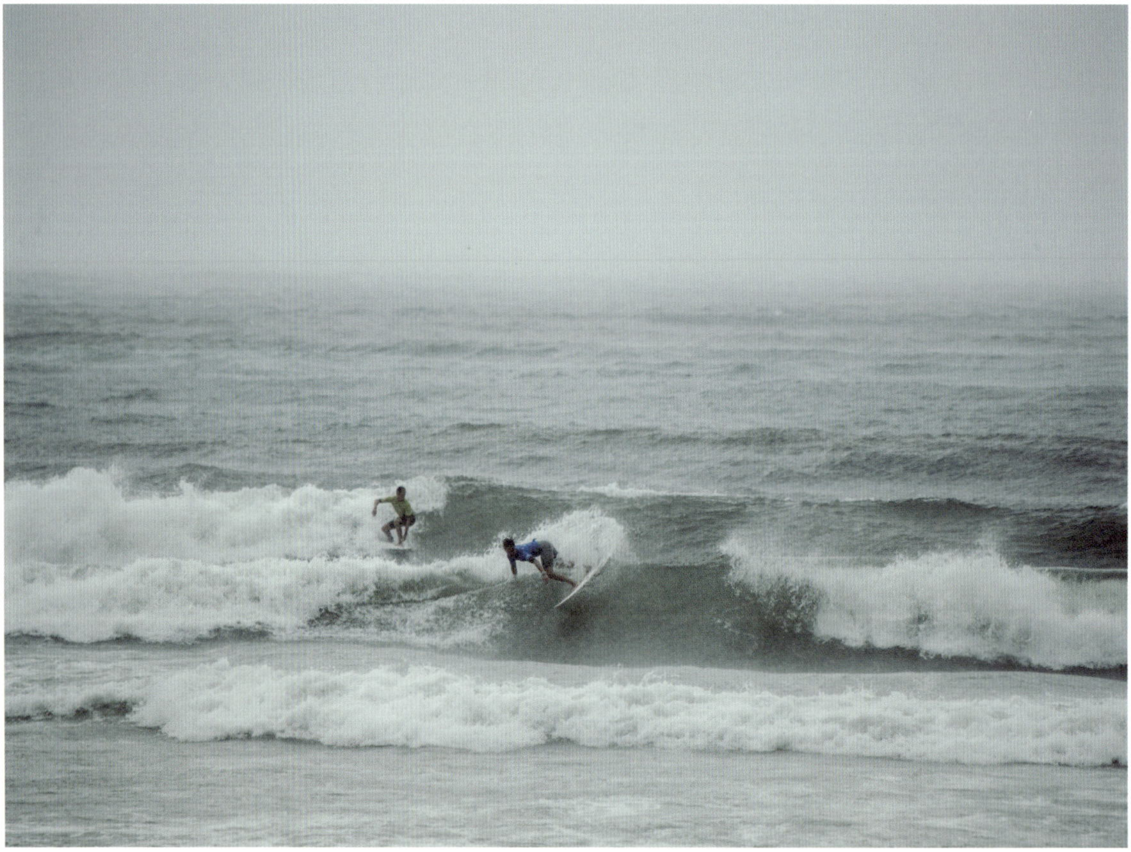

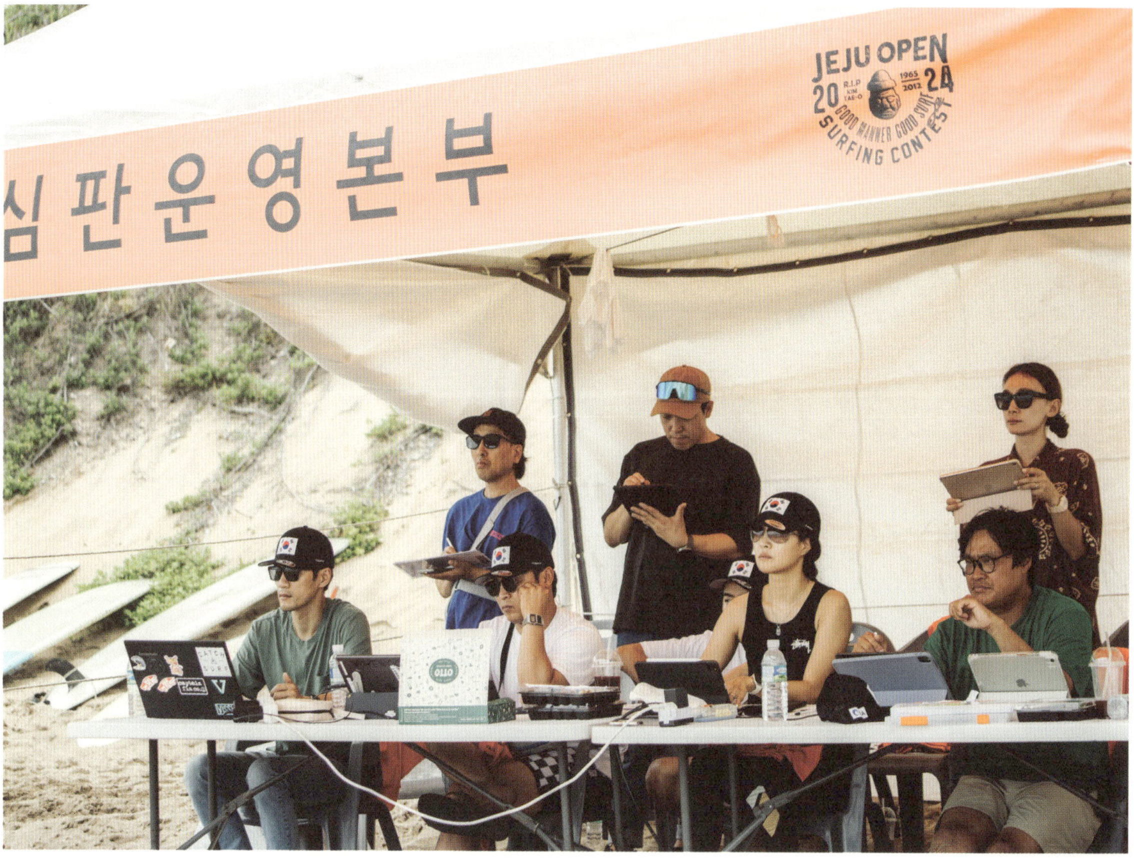
심판운영본부
JEJU OPEN
20 24
R.I.P
1965
2012
GOOD MANNER GOOD SURF
SURFING CONTEST

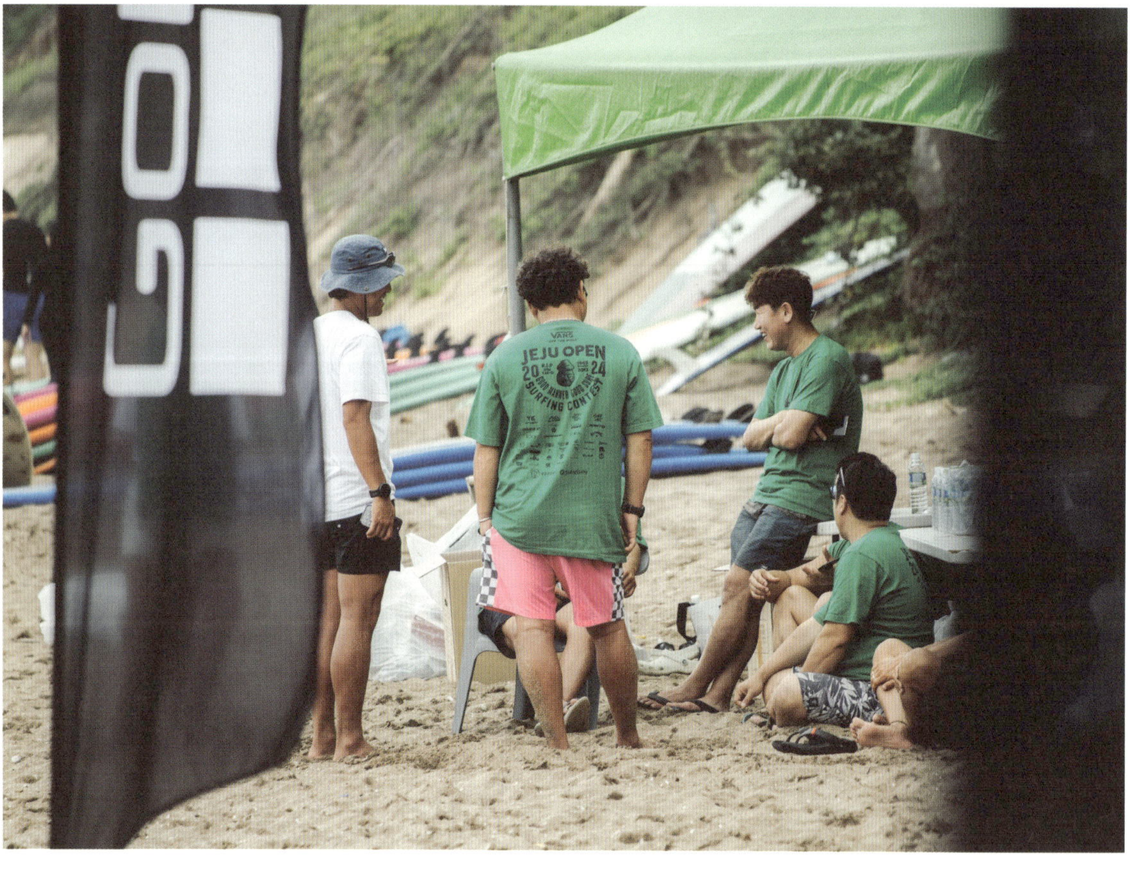
JEJU OPEN
20 24
GOOD MANNER GOOD SURF
SURFING CONTEST

RESULT

오픈부

여자 숏보드
1. 이나라
2. 김비주
3. 임수정
4. 신주빈

남자 숏보드
1. 카노아
2. 목하진
3. Park Ryute
4. 전서현

여자 롱보드
1. 박수진
2. 송혜현
3. 이예령 크리스
4. 한아름

남자 롱보드
1. 김동균
2. 김호준
3. 카노아
4. 전형주

신인왕

여자 숏보드
1. 한민혜
2. 강은아
3. 안아름
4. 김유리

남자 숏보드
1. 라승범
2. 김현명
3. 황현섭
4. 김승거

여자 롱보드
1. 이혜주
2. 김정은
3. 박소민
4. 이소윤

남자 롱보드
1. 이용현
2. 김영일
3. 이형환
4. 김정근

고등부

남자 숏보드
1. 카노아
2. 윤겸
3. 목하진
4. 윤도훈

남자 롱보드
1. 장찬휘
2. 운도훈

초중등부

여자 숏보드
1. 신주빈
2. 이하린
3. 이다인
4. 윤율

남자 숏보드
1. 정의종
2. 전서현
3. 윤손
4. 김유신

여자 롱보드
1. 강은수
2. 이하원
3. 이다인

SURFING & JEJU
서핑 그리고 제주

바다와 파도, 자연은 우리가 생각하는 것보다 훨씬 더 깊고 푸르며 나름의 리듬을 가지고 있다. 잔잔하고 푸른 빛의 바다는 아름답지만, 바람으로 만들어진 너울이 해안과 만나 만들어지는 자연의 폭발적인 에너지를 지닌 강인함 또한 가지고 있다. 서핑은 멀게는 수만 킬로의 거리를 이동한 에너지를 받아들이며 중력과 자연의 리듬에 맞추어 파도의 경계면을 내려가는 행위이다.

일정한 시스템과 스케줄에 익숙해진 우리는 서핑으로 생소한 경험을 얻게된다. 파도를 타게 되면 시간이 느리게 느껴지는 경험을 하게 되는데, 자연이 주는 경외감과, 파도를 기다리며 느끼는 잔잔한 행복감, 큰 파도가 가르쳐주는 겸손함이 무엇인지를 느끼게 된다. 바다에서 서핑보드에 앉아 해질녘의 하늘과 해안이 만들어내는 광경은 해변에서 해안선을 바라보며 지구의 경계면을 보던 우리에게 반대의 시선으로 삶을 근본적으로 돌아보는 경험을 하게 해준다.

제주는 자연의 아름다움과 땅과 바다의 에너지가 가득한 곳으로 서핑을 함께 즐기기 최고의 지역으로 알려져있다. 바다와 땅은 부드러운 선을 그리고, 오름이 만들어내는 크고 작은 곡선은 바다 속에도 품고있어 너울을 통해 바다 밖으로 보여진다.

평범한 일상에서 벗어나 한번쯤은 서핑을 꿈꾸고, 서핑과 캠핑을 통하여 제주의 아름다움을 자연스레 만나기 위한 노력은 멀지 않은 곳에 있다.

SEASON
서핑은 바람의 영향을 많이 받고 계절별 다른 파도를 만나는 스포츠이다.
여름에는 남쪽스웰의 영향으로 서귀포, 겨울에는 북쪽스웰이 들어오는 제주시의 파도가 좋은 편이다.
계절에 맞춰 바뀌는 파도처럼 월마다 다른 모습들을 가지고 있다. 2월부터 매화, 유채꽃(3월), 벚꽃(4월), 청보리(5월), 수국(6월), 해바라기(9월), 매밀꽃(10월), 억새(11월) 순으로 볼 수 있다.

GOURMET
제주의 대부분의 로컬 맛집은 제주 시내에 위치하고 있다. 제주도민 67만 명 중 90%이상인 60만명이 제주 시내에 거주하고 있기 때문에 자연스레 가성비와 뛰어난 맛을 지닌 맛집은 제주 시내 안에서 만날 수 있다.

CAMPING
제주도의 해변에 위치한 대부분의 캠핑장은 성수기인 7~8월을 제외하면 무료로 운영된다. 성수기를 제외하고는 전기를 쓸 수 없는 곳이 대부분이지만, 샤워실과 화장실 등의 시설들이 잘 관리되어 있어 편하게 사용할 수 있다.

중문색달해수욕장
Surfer 초우리

중문 듀크 포인트
Surfer 양웅걸

이호해수욕장
Surfer 양웅걸

신양해변
Surfer 양진혁

성산
Surfer 이유준

SURFING & JEJU

월정해수욕장
Surfer 전형주

함덕해수욕장
Surfer 이유준

SURFING & JEJU

함덕해수욕장
Surfer 윤지범

모슬포
Surfer 홍수옥

손으로 바다를 잡아본다.
밖에서 볼땐 늘 아름답고
우리를 감싸는 듯한 드넓은 바다
꿈꿔왔던 환상적인 파도
눈앞에서 파도를 마주하면
이야기는 달라진다.
단 한번의 파도
영원히 돌아오지 않을 파도를 쫓는다.

모슬포
Surfer & Words SINGER
Photo by JUNG WHON

JEJU SURF & CAMP GUIDE
서핑 스폿 & 해변 캠핑장 가이드

남쪽

중문

중문 해변은 한국 최고의 파도가 들어오는 서퍼들의 천국이다. 5월에서 10월까지 파도가 좋으며, 파도가 좋을때는 인도네시아 발리처럼 깨끗하고 힘 있는 파도가 들어온다. 초보자가 탈 수 있는 해변은 물론 상급자에게 맞는 리프 포인트까지 있으며 국내에서 가장 서핑하기 좋은 포인트로 알려져 있다. 빼어난 절벽을 배경으로 시원한 음료를 마시며 서핑과 이국적인 정취를 즐기기 좋다. 해수욕장 샤워실 앞에 작은 캠핑장이 마련되어 있다.

사계, 쇠소깍

중문에 거친 파도가 있을때 안정적인 파도가 들어오는 사계와 빠르고 힘이 좋은 파도가 있는 쇠소깍 포인트. 중문의 파도가 너무 커졌을때 사계나 쇠소깍 포인트로 가기도 한다. 한적한 해변과 뛰어난 풍경의 산방산이 있는 사계해변과 다양한 볼거리가 있는 쇠소깍관광지구는 서핑과 함께 제주의 풍경을 즐기기 좋다. 쇠소깍은 모래가 아닌 돌로 이루어져 중급자 이상에게 적합하다.

화순금

마라도, 송악산까지 한눈에 들어오는 뛰어난 자연환경을 가지고 있다. 또한 데크와 개수대, 화장실이 있으며 담수 풀장은 무료 이용이 가능해 관광객 누구나 해수욕과 담수욕을 동시에 즐길 수 있다. 그늘이 적어 봄, 가을에 캠핑하기 좋은 곳이다.

북서쪽

이호테우

이호테우해변은 공항에서 가장 가까워서 많은 서퍼들이 찾는다. 겨울에는 북쪽 스웰이 들어와서 서핑을 즐기기에 더없이 좋다. 아름다운 목마 등대가 있는 일몰 명소이자 입문자부터 중상급자까지 즐길 수 있는 파도가 있는 곳이다.

곽지

서쪽에 위치하여 하얀 모래와 함께 일몰이 아름다운 곳이다. 수심이 깊지 않고 모래도 부드러워 입문하기 좋으며, 여유로운 서핑을 한 뒤, 한적한 자연을 즐기기에도 좋은 곳이다. 해변 언덕에는 캠핑장이 있어서 서핑 후 바다를 바라보며 캠핑하기에 그만이다. 가을과 겨울 시즌에 좋은 파도가 있다.

협재&금능

서로 맞붙어 있는 협재와 금능은 에머랄드 빛 바다와 빼곡한 야자수, 그리고 비양도가 만들어내는 풍경이 이국적인 곳이다. 캠핑하기 넓은 야영장이 있으며, 샤워시설과 화장실이 함께 있다. 일몰과 함께 흰모래해변과 바다가 만들어내는 풍경이 최고인 곳이다.

월령

제주도민들이 쉼터로 찾는 월령은 초보자들이 입문하기 좋은 사이즈의 파도와 한적하고 작은 해변으로 여유로운 서핑을 즐기기 좋다. 제주의 선인장 군락지로 유명한 곳으로 아름다운 풍경과 푸른 빛깔의 바다로 힐링하기에 최적이며 스탠드업 패들보드를 타기 최고의 장소이다.

● 서핑가능지역
● 캠핑가능지역

북동쪽

월정
●

새하얀 모래와 에메랄드 빛 투명한 바다가 이국적인 정취를 자아낸다. 서핑 후 해안도로를 따라 드라이빙하기 좋은 코스여서 월정리의 필수 포토존인 사색 의자에 앉아 아름다운 풍경이 담긴 인생샷을 남길 수도 있다. 가을과 겨울에 좋은 파도가 들어오며, 수심이 일정한 편이다.

함덕
● ●

월정과 마찬가지로 가을과 겨울에 좋은 파도를 만날수 있다. 해변이 넓고 에메랄드 빛의 바다와 하얀 모래를 볼 수 있기 때문에 많은 사람들이 찾는다. 넓은 캠핑구역과 뛰어난 뷰를 가지고 있어 캠핑과 서핑을 함께 즐기고자 하는 사람들이 많이 찾는다. 가을과 겨울에 좋은 파도가 들어온다.

김녕
● ●

함덕해수욕장을 지나 해안도로를 달리다보면 김녕해수욕장 옆, 올레길과 함께하는 야영장으로 화장실이 있어 야영객들이 많이 찾는다.
주차시설과 야영장이 인접해 있어 주차 후에 장비를 이동하기에도 편리하다. 텐트를 설치하기 편한 조건이지만 내리쬐는 태양을 피할 수 없는 것이 단점이다.

비양도
●

우도안에 있는 비양도, 땅이 고르지 못해 울퉁불퉁한 편이다. 바람이 심하고 제주에서 다시 우도로 이동해야 하는 작은 섬이지만 아름다운 일출을 볼 수 있고 제멋대로 뭉쳐진 현무암이 만들어내는 빼어난 경치때문에 선택하기 좋은 곳이다.

LA SURF TRIP

새벽 서핑을 떠나는 차 안의 커피 냄새
파도를 기다리다 만난 선라이즈
서핑 트립의 꽃 마쉬멜로우, 캠프파이어
서핑 후 먹은 아사이볼
수다스러운 할아버지 서퍼
각양각색의 세계맥주
바다에서 만난 물범

아름다운 파도와 서핑트립의 소중한 추억들
I WANNA CALL IT FRIENDS.

BETTER THAN SURF

L.A. SURF TRIP

JOURNAL

"캘리포니아 서핑 트립 가보고싶어?"
서퍼라면 누구나 꿈꾸는 꿈의 파도가 있는 캘리포니아
배러댄서프의 쿠카핀토의 라이더이자
범서프의 보드 이무기의 뮤즈이기도 한
현민 님의 서핑 라이프에 대한 이야기

BETTER THAN SURF CREW
HYUNMIN
OUT OF MIND SURF

1. 안녕하세요, 현민 님 먼저 간단하게 자기소개 부탁드릴게요.

저는 캘리포니아에서 서핑하고 있는 김현민이라고 합니다. 현재 '아웃오브마인드' 서핑 하우스를 운영하고 있습니다. 캘리포니아에서 지낸 지 한 8-9년 정도 되는 것 같아요. 첫 번째는 대학교 다닐때였어요. 그때는 서핑이라는 걸 아예 몰랐고, 그냥 학교 다니고 일하고 공부하고 밖에 안 했거든요. 지금은 캘리포니아 서핑 라이프 스타일을 동경해서 서핑을 업으로 삼고, 그런 라이프 스타일을 이루려고 열심히 캘리포니아에서 서핑을 하고 있는 사람입니다.

2. 서핑 라이프를 동경하고, 업으로 삼고 싶다는 마음의 출발이 '데이 드림'이라고 하셨던 것 같은데, 맞나요?

사실 데이 드림을 보고 서핑을 시작한 건 아니지만, 서핑을 발리에서 처음 시작했고 그전까지는 나름 되게, 다들 그렇겠지만, 치열하게 살았어어요. 우리는 어찌 되었든 미국이라는 슈퍼 캐피털리즘! 자본주의 돈이 가장 우선인 사회에 살고 있기 때문에 돈을 버는 것에 혈안이 되어 있었다가 미국에서 군대를 다녀오면서, 삶을 바라보는 인식이 달라졌어요. 그러던 중에 발리에서 서핑을 하고 처음으로 큰 파도를 만나서 롱라이딩을 했는데, 그때 주는 행복감이 너무 커서, 그 후 제 모든 미래 계획을 바꾸고, 캘리포니아로 다시 돌아오게 되었어요. 원래는 캘리포니아를 되게 안 좋아했어요. 제가 고등학교는 원래 보스턴에 있었고 대학교를 가면서 저희 친누나가 이쪽 UCLA 대학교에 있어서 부모님이 친남매인데 계속 떨어져 있는 건 아닌 것 같다고 하셔서 제가 캘리포니아로 오게 되었죠. 솔직히 그때 서핑을 아예 모를 때라서, 캘리포니아 사람들에 대한 선입견이 있었어요.

3. 미국에도 지역별로 약간의 선입견이 있군요?

네, 캘리포니아 친구들은 처음에는 친절하게 잘해주지만 막상 필요할 때는 주변에 무슨 이유에서였는지 곁에 아무도 없었던 것 같았거든요. 그런 라이프 스타일이라는 편견이 있어서 그다지 캘리포니아를 안 좋아했던 거 같아요. 근데 서핑을 하면서 생각이 많이 바뀌었어요. 제가 롱보드를 타다 보니 주변 사람들이 좀 Chill 한 바이브를 가지고 있어서 점점 그런 분들과 이야기도 나누고 라인업에서 같이 서핑을 하면서 인식이 많이 바뀌게 되었어요. 제가 한국에서 교육을 받아서 그런지, 뭔가를 해야 한다는 생각으로 대학원을 계속 다녔는데, 사실 서핑을 하기 위해 대학원을 간 거였거든요. 일을 하면 그렇게 시간을 자유롭게 못 내기 때문에요. Work & Life 의 밸런스를 잡기 위해서 집에서 일할 수 있는 직업도 찾았고, 빅데이터 공부, 코딩 쪽으로도 공부를 하게 되었죠. 그 와중에 한국에서 오신 프로 서퍼분들을 만나고 이야기를 나누다 보면서, 내가 알고 있는 캘리포니아 롱보드 서핑 라이프 스타일을 한국사람들한테도 오염되지 않은 상태로 그대로 넘겨주고 싶다는 생각으로 서핑하우스를 시작하게 된 거죠.

4. 캘리포니아에 정착하게 된 계기와 서핑하우스를 시작하게 된 계기, 모두 연결되어 있네요. 캘리포니아에서 할아버지, 할머니 서퍼분들을 많이 만나게 되셨다고 들었어요. 라이프 스타일로, 그들의 문화가 나이와 상관없이 유지될 수 있는 모습이 좋아보였어요. 이렇게 건강한 서핑 문화를 위해서 한국의 서퍼들에게 해줄 수 있는 조언이나 이야기가 있나요?

이런 말 들어보셨을 것 같은데 잘 타고 싶으면, 서핑 캠프를 가라! 아시아 문화권은 뭔가를 시작하면 잘해야 된다는 강박이 있잖아요. 무조건 잘해야 된다 하는.. 내가 어느 정도 잘해야 즐길 수 있는 건 맞죠. 저도 사실 처음에는 그 강박에 사로잡혀서 맨날 영상 분석하고 열심히 타고 했는데 어느 순간이 되니까 그런 강박에서 벗어날수록 서핑이 더 즐겁고 행복하게 느껴졌어요. 그걸 빨리 깨달으면 깨달을수록 더 좋은 서핑 문화 자체를 이해하고 즐길 수가 있게 돼요. 라인업에서 얼굴 붉힐 일도 없어지고, 내가 굳이 이 파도를 타지 않아도 옆에 있는 사람이 그 파도를 타서 행복한 모습을 보면 그것만으로도 저는 만족되는 느낌이거든요. 할아버지, 할머니들을 보면 아시겠지만, 엄청 잘 타시는 분은 생각보다 없으세요. 오히려 몇십 년 동안 계속 똑같은 사이드 라이딩만 한다고 해도 항상 웃고 행복한 모습을 보게 되요. 그런 분들이 캘리포니아에 많아서 문화의 뼈대를 만들어주신 거죠. '이게 우리가 생각하는 서핑 문화다.' 물론 SNS에서 보이는 서퍼분들도 잘 타는 분들이 많지만 제가 말씀드린 이런 문화적인 부분이 여기(캘리포니아)에는 먼저 잘 정착이 되어 있지 않나 싶어요. 한국도 이제 경쟁심 이런 것도 좋지만 잘 타야 된다라는 강박감에서 조금 벗어나서 문화적인 게 살아나면 그런 거를 동경하고 그런걸 즐기는 사람들이 한 명씩 나오지 않을까요?

5. 그럼 현민 님도 할아버지가 될 때까지 서핑하기 위해서 지키는 데일리 루틴이라든가 자신만의 관리 방법이 있을까요?

음, 저는 할아버지가 될 때까지 서핑을 할 거다라는 생각을 하지는 않아요. 이렇게 하다 보면 그냥 그때까지 하겠지 싶은 거죠. 워낙 원래 걱정도 많이 하고 고민도 많고 은근 파워 J 성향이 있어서 거기까지 생각하면 제가 그냥 못 견딜 것 같아서 그냥 매일매일 파도가 있을 때 (캘리포니아는 매일 파도가 있으니까) 최상의 파도가 들어오느냐 그냥 Mediocre(평범한 에버리지의 탈만한 파도) 파도가 들어오느냐 차이라서 최대한 부상 없이 타려고 노력은 하죠. 더 이상 엄청 Crazy Movement(멋진 동작)를 한다거나 이러지는 않고요. 예전에는 보드에 딕나는 게 너무 무서워서 그럴 바엔 내 몸이 다쳐야 지였는데 이제는 Ding(딩,서핑보드에 나는 상처)은 고칠 수 있는데 몸은 나이가 들어서 그런지 안 고쳐지더라고요. 그래서 요새는 좀 보드를 더 막 쓰는 경향이 많이 생겼어요. 내가 다치는 것보다 무조건 보드가 다치는 게 더 낫다. 인환 쉐이퍼님 죄송해요.(웃음)

6. 서핑과 함께하는 라이프 스타일을 위해 포기한 삶이 여러 가지 있을 것 같아요. 서핑 라이프 스타일을 선택한 것에 대한 장점과 아쉬운 점, 이런 부분은 없을까요?

'인생 망했다' 이런 표현?! 제가 원래 좀 Sarcasm(회의주의)을 좋아하는 성격이에요. 일단 장점부터 말씀을 드리면 파도가 좋을 때 날씨가 좋을 때, 서핑을 하러 갈 수 있다는 거죠. 바다와 파도와 굉장히 근접해 있는 삶이죠. 제가 선택해서 서핑이랑 같이 뭔가를 해보고 싶다 해서 이렇게 된 건데요. 제가 원래 재택근무도 했지만 만약 전공을 살려서 계속 일을 했다면, 현대 자본주의 사회에서 갖출 것들을 잘 갖추고 살았겠지만 서핑만 온전히 할 수는 없었을 것 같아요. 오히려 조바심이 생기고. 제가 아까 말씀드렸던 것처럼 그냥 내 옆에 있는 사람이 좋은 파도를 타도 거기에 행복을 느낄 수 있는 정도의 단계까지 여유는 없었을 것 같거든요. 서핑을 하면서 이제는 파도만 타는 거를 서핑이라고 생각하지 않아요. 예전에는 무조건 바다에 나가서 라인업에 가서 내가 좋은 파도를 타야 그게 서핑이다라고 생각했다면, 이제는 '서핑을 하러 가야지' 하고 마음이 드는 순간, 그리고 가는 길, 도착해서 파도를 확인하는 그 시간, 서핑을 하고 나서 로컬들과의 스몰토크, 만약 제가 처음 서핑을 가르쳐드리는 분이 있다면, 문화에 대해서 얘기를 하는 것조차 모두 다 서핑이라고 생각을 하다 보니까 그런 장점이 가장 큰 것 같아요. 저도 아직 서핑을 한 지 오래되지 않았지만, 그래도 완벽히, 온전하게 다 쏟아붓다 보니 '이게 서핑이에요, 이게 내가 생각하는 서핑이에요'라고 남들한테

좀 당당하게 얘기를 할 수 있게 된 것 같아요. 단점은 이제, 힘들죠.(웃음) 자본주의 사회에 살고 있으니, 제가 포기하고 가는 부분도 많아요. 자본주의 사회가 원하는 그런 톱니바퀴 인생을 살아야 하는데 사실 다람쥐 쳇바퀴 굴러가듯 살진 않아도 되지만 사회가 원하는 어느 정도까지는 그 인생을 살아줘야 하잖아요. 그거를 박차고 나왔으니, 거기에 대한 무게감이 있어요. 내 행동과 선택에 대한 책임감. 그게 가장 큰 단점이지만, 이 또한 장점이자 단점이 될 것 같아요. 균형을 잘 맞추려고 노력합니다.

7. 그 책임감에 대해 좀 더 자세히 설명해 주실 수 있나요?

다른 사람의 시선은 많이 신경을 쓰지 않는 편인데, 일단 부모님께 죄송은 하죠. 그래도 뭔가 기대감이 있으셨을 텐데, '이 정도 돈은 번다'하는 직장을 가지고 있었는데 그걸 다 때려치우고 이상한 걸 시작하니까 이해가 안 되시겠죠. 저에 대한 책임감, 이거는 제가 이번에 멕시코 트립을 6주 동안 갔을 때 고민을 했던 거랑 같은 맥락인데요. 내가 정말 여기서 캘리포니아든 멕시코든 바닷가 앞에서 로컬들, 서핑만 4-5살 때 시작해서 프로 선수까지 하고, 거기 있는 로컬처럼 '서핑만 타도 행복할 수 있을까'라고 저를 그 상황에 넣어봤을 때, 저는 그 친구들과 같은 행복감이 나올 수는 없는 것 같아요. 파도만으로 바다만으로는. 그래서 제 행동에 대한 책임이라는건 서핑으로도 행복하지만 이미 사회의 단물을 봤고 금전적으로도 어느 정도 벌어야 친구들이랑 같이 뭔가를 할 수 있고, 뭔가하고 싶어도 경제적 여건이 안 되면 힘들 수 있어서 그런 부분에 대한 책임감이죠.

8. 서핑을 선택함으로 인생의 방향이 완전히 바뀐거네요!

정말 그런 것 같아요. 제가 예전에 게임을 되게 좋아했는데, RPG게임하면 인터넷에 공략법에는 되게 센 캐릭터를 키우는 법이 많이 나와요. 레벨 99까지. 그게 저는 보통 우리 사회가 말하는 좋은 학교를 가서 좋은 직장을 가져서 뭘 해야 된다라고 말하는 거랑 비슷한 것 같아요. 어떤 회사에 취직하고 무언가를 하는 것 말이죠. 근데 제 거를 하려고 하다 보니 망한 캐릭터가 될지언정 이 캐릭터는 내 거가 되니까 레벨 99까지 제가 마음대로 키우고 내가 함께 가는 거라서 그냥 저는 이렇게 살아보기로 결심을 했는데 그 첫 번째 시작점이 서핑인 거예요. 인생은 내가 아무리 전략을 잘 짜도 예상치 못한 일들 때문에 어그러지기도 하고, 계획대로 되지 않는 것 같아요. 그래서 그냥 정말 하루하루 최선을 다해서 즐겁게 사는 게 맞는 것 같아요.

−맞아요.

언제 어떻게 파도가 들어올지도 모르고.

−(웃음) 그것도 그렇죠. 그러니까 바다에 계속 있어야 돼요.

9. 대회는 어떻게 하게 되셨나요?

10월 초에 Churches Military Contest라고, 제가 매일 가는 스폿이에요. 트레슬 해변 (Trestles beach)이라고 홈브레이크라고 얘기할 정도로 좋아하는 포인트인데 거기서 대회가 열렸어요. 군대에서 연 건 아니지만, 캠프 펜들턴 서프 클럽이라고 군인 친구들이 만든 서핑 클럽이 있어요. 현역 군인부터 퇴역 군인까지, 밀리터리 스파우즈까지 다 모여서 만든 서프 클럽이 있고 이쪽 남부 캘리포니아에서 굉장히 큰 그룹이랑 북부 캘리포니아에 있는 베테랑 서프 얼라이언스라는 두 그룹이 Church라는 포인트에서 대회를 열었는데 아무나 다 참여를 할 수 있었어요, 굳이 군인이 아니더라도요. 제가 거기서 운 좋게 1등을 했는데, 그 무엇보다 저는 대회 취지가 너무 좋았어요. 미국이 아직 계속 전쟁을 하고 있는 나라잖아요. 우리는 이렇게 평화롭게 지내지만 군인 친구들은 파병을 가고 이라크에서 병력이 빠져도 주둔하는 병력이 어느 정도 있고 아프간을 가 있고 이라크에서도 그렇고요. 이 친구들이 전역을 해도 외상 후 증후군이라고 얘기를 하죠, PTSD 때문에 자살률이 굉장히 높아요. 저도 좀 다치긴 했지만 군대를 전역하고, 몸이 정말 성하지 않으면 삶이 되게 무기력해지고 목적이 없는 삶이 될 수가 있는데 목적을 만들어주기 위해서 그 대회를 매년 개최하려고 한다는 말을 들었을 때 좀 뭉클했어요. 저도 남들한테 많이 얘기는 안 했지만, 그런 맹목적인 목적으로 서핑을 하지 않았나 싶어요. 'Surfing Saves My Life(서핑이 내 삶을 살렸다)'라는 얘기를 많이들 하거든요. 미국에서 오션 테라피라고 의학 협회에서 허가를 내준 건 아니지만, 되게 많이 사용되는 단어예요. 그래서 그런 대회에 참여하고 그런 걸 개최한다는 것 자체가 너무 보기 좋았어요. 이번에는 없었지만 같이 대회를 하시는 분들 중에 조금 몸이 불편하신 분도 한 번씩 나오세요. 옆에 도와주시는 분이 계시고, 팔이

HYUNMIN, OUT OF MIND SURF

> 서핑에 미쳐 있는 사람들한테 물어보면 저는 이런 게 'Better Than Surf', 서핑보다 나은 거라고 정의할 수 있을 것 같아요. 좋은 파도를 타는 게 중요한 게 아니라, 삶의 목적성을 가지게 해주는 것

없으시거나 다리가 없으신 분들이 서핑을 하는 걸 봤을 때, 배러댄서프(Better Than Surf)라는 브랜드 이름처럼, 정말 이게 내가 생각하는 서핑뿐만 아닌, 정말 서핑보다 무엇이 나은 걸까, 서핑에 미쳐 있는 사람들한테 물어보면 저는 이런 게 'Better Than Surf', 서핑보다 나은 거라고 정의할 수 있을 것 같아요. 좋은 파도를 타는 게 중요한 게 아니라, 삶의 목적성을 가지게 해주는 것, 그게 되게 좋아서 저도 이제 매년 계속 대회에 참여할 생각입니다. 봉사도 하고요.

10. 이야기를 들으면 들을수록 이타적인 사람인 것 같아요! 덕분에 좋은 영감을 받았네요. 마지막으로 배러댄서프에게 조언을 해주실 수 있나요?

정말로 계속하셨으면 좋겠어요. 당연히 영위를 하려면 상업적인 부분도 있어야 되고 당연한 거지만 브랜드의 이름이 많은 걸 얘기한다고 하잖아요. 어떻게 보느냐에 따라서 받아들이는 사람의 입장에 따라서 다르겠지만, 배러댄서프가 저한테 되게 큰 의미로 다가왔거든요. 정말 파도에 미쳐 있고 파도 때문에 서핑하려고 모든 걸 그만두고 한국에서도 제주나 양양으로 가는 분들이 많으니까 그런 분들에게는 서핑이 전부인데 '무엇이 서핑보다 나은 거지?'라는 물음표를 찍어주기도 하고요. 그리고 나에 대한 확신과 그 답을 찾으려면 '배러댄서프?' 하고 물음표도 됐다가, '배러댄서프!' 하고 느낌표로 끝낼 수도 있는 브랜드예요. 그래서 저는 오히려 느낌표를 찾은 것 같아요. 이 브랜드를 만나서 한 번 더 생각해 보게 되고. 왜냐하면 계속 입고 다니고 보다 보니까 배러댄서프, 뭐가 더 낫다는 거지 스스로 질문하게 되는데 나에게 서핑보다 나은 건 내가 잘 타는 게 중요한 게 아니라 내가 서핑으로 내 삶이 이렇게 풍요로워진 것처럼 물질적으로는 좀 빈곤해졌지만(웃음), 다른 면에서는 다 풍요로워진 것처럼 그렇게 다른 사람들도 서핑을 바라보는 관점이 이렇게 풍요로웠으면 좋겠다는 생각을 할 수 있게 만들어준 브랜드라서 그냥 쭉! 계속, 해주셨으면 합니다.

-덕분에 힘이 나네요, 말씀 감사합니다!

WAVE
& LONGBOARD

Words by Hyunmin
Illustration by Junyong Kim

LONGBOARD FOR PUNCHY BEACH BREAK
날 선 비치브레이크

비치브레이크 특징:
갑작스럽게 올라오는 쎈 파도를 타기 위해서는 적절한 롱보드가 필요합니다. 일반적으로 속도가 빠르고 날렵한 보드가 추천됩니다. 너무 무겁지 않은 롱보드를 선택하면 좋습니다.

추천 사양 *길이와 부력은 서퍼의 신체에 맞게 골라주세요.

- 테일 모양(Tail Shape): 핀 테일(Pin Tail), 엄지 테일(Thumb Tail), 다이아몬드 테일(Diamond Tail)
- 레일(Rail): 50/50 혹은 60/40의 다운레일(Down Rail). 너무 두껍지 않은 얇은 레일을 추천합니다.
- 핀(Fin): 베이스가 좁고 날렵한 핀. 노즈라이딩용 큰 핀보다는 성능을 살릴 수 있는 날렵한 핀을 추천합니다.
- 노즈 모양(Nose Shape): Pointy Nose. 빠른 파도를 뚫기 위해서는 넓은 노즈보다 날렵한 노즈가 좋습니다.

LONGBOARD FOR SLOW-BREAKING POINT OR RIVER JETTY
천천히 깨지는 포인트 브레이크 또는 리버 제티

포인트 브레이크 특징:
지형이 돌이나 산호초로 형성되어 예측 가능한 일정한 파도가 지속됩니다. 연습하고자 하는 보드를 선택하여 다양한 스타일로 탈 수 있는 환경입니다. 이런 파도에서는 다양한 보드를 즐길 수 있지만, 노즈라이딩(Noseriding)을 기초로 추천하자면 다음과 같습니다.

추천 사양

- 테일 모양(Tail Shape): 다이아몬드 테일(Diamond Tail) 또는 스퀘어 테일(Square Tail)
- 레일(Rail): 50/50 또는 업레일(Up Rail). 혹은 노즈부터 테일까지 부드러운 레일 변화가 있는 보드가 적합합니다. 예측 가능한 파도에서의 더 나은 패들력을 위해 약간 두꺼운 레일이 좋을 수 있습니다.
- 핀(Fin): 노즈라이딩용 피봇 핀(Pivot Fin) 혹은 레이크가 긴 핀을 추천합니다. (노즈라이딩을 길게 끌어갈 수 있습니다.)
- 노즈 모양(Nose Shape): 상급자는 날렵한 노즈(Pointy Nose)로 속도로 포켓 노즈라이딩을, 초급자는 넓은 노즈(Wide Nose)로 안정적인 숄더 노즈라이딩을 연습할 수 있습니다.

WINDY AND CHOPPY WAVES
바람이 많이 불고 매끄럽지 않은 컨디션의 파도

추천 사양
FINLESS – 핀을 빼고 서핑 하는걸 추천드립니다!

항상 핀에 의존해서 속도를 줄이는 서핑을 하시는 분들도, 챠피한 컨디션의 파도에서 핀을 뽑아버리고 보드를 타면 정말 온전히 파도를 타는 진귀한 경험을 하실 수 있어요.
실제로, 익숙해지시면 보드의 레일 쓰는법을 익힐 수 있습니다!

JOURNAL

INHWAN KIM
BUMSURFBOARDS

LA에서 활동 중인 Surfboard Shaper 인환 님의
한국적인 이름으로 보드 시리즈를 내놓는
범서프보드의 이야기

1. 간단하게 자기소개해 주실 수 있나요?

저는 86년생이고, 호랑이 띠고 캘리포니아에 온 지는 3년이 안 됐어요. 지금 2년 9개월 정도 됐고, 지금은 범서프보드라는 보드 브랜드를 만들고 있는 김인환이라고 해요. 주로 지금은 롱보드를 만들고 있는데, 사실 커스터마이즈 보드를 만드니까 손님들이 원하신다면, 숏보드든 피쉬든 미드랭스든 무엇이든 다 만들고 있어요.

2. 서핑 보드의 모델에는 결국 지향점이 있다고 생각하는데, 본인이 생각하는 범서프 보드의 방향성은 무엇인가요?

지금 사실 제가 만들고 싶은 이 범서프보드 자체는 유저 프랜들리한 보드를 만드는 게 일단 목표예요. 롱보드가 크게 나누면 클래식, 하이 퍼포먼스, 올라운드 이렇게 나뉘는데, 처음에는 클래식 보드로 노즈 라이딩에 포커스한 보드를 만들고 싶었어요. 그래서 첫 번째 아웃오브마인드서핑 대표 현민이랑 프로젝트로 만든 '이무기' 보드였고. 지금 새로 만들고 있는 보드는 싱글 핀 보드인데 엄청 속도가 빠른 보드예요. 속도가 빠르면서 밸런스가 좋은 보드예요. 현민이가 여러 보드를 타보니까 피드백을 받을 수 있어서 좋죠. 저는 제 라이더라고 해서 제 보드만 타는 걸 원하진 않아요. 다른 보드도 많이 타면서 비교를 해주는 게 더 좋거든요. 현민이가 그런 친구죠. 예전에 현민이가 다른 보드를 타다가 저한테 가져와서 '이거 형이 만들고 싶은 보드인 것 같아요'라고 해줘서 크리스텐스의 트레이드 밀 보드를 살펴봤어요. 템플릿을 만들고, 이전에 제가 만들었던 모델 중에 구미호라는 모델이 되게 빠른 싱글핀 보드였거든요. 그 보드의 최종 버전이 되지 않을까 싶어요.

3. 범서프 보드라는 본인의 브랜드를 만들어가는 중인데, 혹시 범서프라는 이름을 짓게 된 이유가 있을까요?

제가 캘리포니아에 와서 되게 친해진 친구들이 다 서핑하는 친구들이었어요. 그중에서도 되게 가깝게 지내는 친구들이 86 친구들이었어요. 5명이었는데 저희들끼리 크루를 만들고 싶었어요. 그래서 이름을 뭘로 할까 서로 이야기를 하다가 다 호랑이 띠니까 범으로 하자가 된 거죠. 범이 사실 캘리포니아나 미국에서는 서프 범(Surf Bum) 이러면 약간 서핑만 하는 한량 같은 애들을 얘기하는 거거든요. 그 의미가 좋았어요. 같은 범이라는 발음이 있는데 여기서는 서프 범이라는 말이 서핑만 하는 미친 사람들 이런 거라 나쁘게 볼 수도 있지만 사실 서핑하는 사람들은 서프 범을 되게 동경하거든요. 서핑만 하고, 정말 자유롭게 사니까 엄청 멋있다고. 저는 호랑이 띠고 제 브랜드에서 한국이라는 이미지를 많이 심어주고 싶었는데, '범'이라는 단어를 쓰면 이중적인 의미로 내 브랜드의 스토리텔링을 할 수 있겠다 생각해서 범서프보드가 되었죠. 그리고 제 이름 인환에서 '인'이 호랑이라는 뜻도 있어요. 실제로 사람들이 항상 물어봐요. 이 범서프보드의 의미가 뭔지. 이야기를 해주면 미국 애들이 되게 재미있어해요. 한국 사람들은 다들 범이라고 하면 호랑이를 떠올리잖아요. 그런데 또 서프 범을 모르니까 설명해 주면 또 재미있어 하고요.

4. 주문한 블랭크에도 김인환이라고 쓰여있더라고요. 미국에 살게 되면 아무래도 인환이라는 발음을 좀 어려워하니까 미국식 이름으로 하는 경우가 많잖아요. 한국 이름을 고집하는 이유가 있나요?

그냥 저 스스로는 그게 저의 정체성이니까 그걸 바꾸고 싶다는 생각은 안 했었고, 홍콩에 살 때도 사실 그 생각을 했었어요. 그때는 대학원을 다녔는데, 홍콩 애들마저도 영어 이름이 다 있으니까 학교에서도 교수님이 영어 이름을 하는 게 어떠냐고 했을 때도 '내 이름이 좋고, 발음이 안되면 어쩔 수 없는 거지 나는 괜찮다 상관없다' 했거든요. 그냥 발음이 어려운 친구들은 Kim(킴)이라고 부르기도 했었어요. 미국에서 손님들 중에 멕시칸 친한 친구들은 인후완이라고 발음을 하기도 해요. 저는 그래도 상관 없어요.

5. 스승이자 마스터 그리고 가족처럼 보이는 카로자에 대해 좀 더 이야기해 주세요

이 이야기는 또 홍콩에서부터 시작을 해야 하는데요. 제가 홍콩에 처음으로 쉐이핑을 배웠던 사람의 이름도 사실 크리스였어요. 처음 쉐이핑을 배운 건 사실 일을 하고 싶다기보다 제 보드를 직접 만들어 보고 싶어서였어요. 홍콩에 있던 크리스는 캐나다 사람이었고, 쉐이핑과 리페어에 대한 기본적인 것들을 2개월 동안 알려주고 잠깐 본인 나라인 캐나다에 일이 있어서 돌아갔는데, 하필 그때 코로나가 터진 거예요. 그래서 못 들어왔어요. 홍콩은 완전 다 셧다운시켜서 아예 외국으로 나가는 것도 안 되고 들어오는 것도 안 되고 그래서 홍콩에 있던 크리스의 워크숍을 어쩔 수 없이 1년 동안 맡게 된 거죠. 학교도 다니면서 딩 리페어도 하고 크리스랑은 매일 영상통화 하면서 '이거 어떻게 하는 거냐 저거 어떻게 하는 거냐' 하면서 배웠거든요.

-줌 미팅으로 대학 생활하는 느낌이었겠네요.

맞아요. 그런 느낌이었어요. 저는 산업디자인을 전공하고 그 후에 인테리어 디자인, 브랜딩 같은 일도 하고 버튼 스노보드에서 일을 했었어요. 하드웨어 디자인 팀으로 취직을 하려고 했었는데 1년 동안 서핑이 너무 재밌고 이 일 자체가 저랑 너무 잘 맞는다는 느낌이 들어서 어디든 서핑이 메인인 곳에 가야겠다 생각을 해서 캘리포니아로 아무것도 없이 그냥 왔어요. 여기에 누가 있는지도 모르고 어딜 가야 되는지도 모르고 그냥 무작정 와서 한 두 달 동안은 포트폴리오랑 이력서를 들고 서핑샵을 직접 다 다녔어요. 가서 인사하고 주고 이메일 넣고. 그러다가 미국의 크리스를 만났죠. 처음 크리스를 만난 그날, 크리스의 인상이 홍콩에 있던 크리스랑 너무 비슷했고 사람한테 오는 바이브도 비슷하고, 워크숍 사이즈도 너무 크지 않은 사이즈로 저한테 너무 잘 맞아서 크리스랑 일을 시작을 하게 되었죠. 일분만 아니라 여러 방면으로 LA에서 적응할 수 있도록 가족처럼 챙겨줬어요. 운이 좋았죠.

6. 한국에서 활동하는 쉐이퍼들은 보통 미국이나 호주에서 배워서 본인의 브랜드를 만드는데, 미국 현지의 전통을 가지고 있는 친구들 사이에서 서핑보드 브랜드를 운영한다는 것이 큰 도전일 수도 있겠네요. 그럼에도 불구하고 쉐이퍼로서의 앞으로 목표나 철학이 있나요?

일단 제 목표는 좀 거창해요. 10년 안에 이 헌팅턴 비치 베이스인 로컬 쉐이퍼로서 이름이 조금 알려졌으면 해요. 제 보드를 타는 사람이 이 주변에 많은 게 아니라 이 주변에서 서핑 타는 사람들이 '너 범서프보드 알아?' 했을 때 '어, 나 들어봤어.' 이 정도까지 되는 게 근 10년 안에 목표고 사실 제가 쉐이퍼가 되겠다고 결심했던 가장 큰 이유가 직업으로서 정년이라는 게 항상 있잖아요. 제가 우연하게 맥타비시 다큐멘터리를 보면서 할아버지가 아직도 쉐이핑을 한다는 게 놀라운 거예요. 70대 후반에서 80대 후반까지도. 그런 사람이 그 분 한 명이 아니라 알고 보니 캘리포니아에는 널린거에요. 심지어 바로 앞에 자주 오시는 로버트 어커스트 보드를 쉐이핑 하신 마이크 할아버지도 70대 후반이신데, 아직도 쉐이핑을 많이 하세요. 내 브랜드를 내가 즐길 수 있을 만큼 계속 열정이 안 없어지고 오래갈만한 걸 찾았는데 쉐이핑을 찾은 거죠. 저는 원래 패션도 좋아했었는데, 서핑을 접하게 되면서 자연스럽게 서핑 컬처를 접하고 관련된 다양한 패션 브랜드들도 같이 접목해서 전개할 생각이어서 앞으로 더 다양한 재미있는 이야기를 하고 싶어요.

-쉐이퍼로서 서핑 문화를 만들어서 확장하겠다는 이야기네요.

서핑을 즐기는 많은 사람들이 백인이라 백인 문화로서 인식되는 경우가 많잖아요. 그런데 캘리포니아 안에서 한국 쉐이퍼로서 한국적인 문화 특색이 들어가 있는 건 당연하다고 생각해요. 지금 하는 작업들 중에 스모키 한 블랙 컬러를 최대한 많이 쓰고 있는데, 이게 약간 먹 같은 느낌이 나서 계속 시도하고 있어요. 계속해서 너무 한국적인 것도 아니면서 너무 미국 문화를 동경하는 느낌도 아닌, 잘 섞인 걸 만들고 싶은데 그게 제일 어려운 것 같아요.

7. 그게 어려우면서도 강력한 매력이 될 수 있는 것 같아요. 브랜드 스토리, 네이밍 전부 동서양이 잘 섞여있다고 느꼈고, 디자인도 굉장히 한국적이어서 유니크하다고 느꼈습니다. 본인만의 컬러를 일관되게 잘 밀고 나가고 있는 것 같아서 응원하고 있어요. 보드 이름을 한국 요괴에서 따서 만드는 이유가 있나요?

말씀 감사합니다(웃음). 보드 이름은 무조건 한국 발음, 단어로 해야겠다는 생각을 처음부터 했었어요. 그래서 피쉬보드를 만들면 그냥 '물고기' 이렇게 갈 생각만 하고 있었죠. 롱보드를 만들면 뭐라고 해야 하나 고민하고 있었는데 처음 이름을 붙이게 된 보드가 현민이를 라이더로 정하고 보드를 만들어 주면서 이름을 제대로 붙이게 되었죠. 보드에 뭐가 되었든 스토리가 담겨야 한다고 생각했어요. 그래서 현민이한테 '현민'의 이름 뜻을 물어봤어요. 이름 뜻이 해석하기 나름이겠지만, 큰 사람이 되어가기 위해 철저하게 준비하고 있는 그런 느낌이어서 '뜻이 꼭 이무기 같은데?' 하는 생각을 한 거예요.. 그래서 '이 보드 이름은 이무기로 가자.' 한 거죠. 왜냐하면 제 브랜드도 현민이를 통해서 시작점에 있는 것 같고 저도 현민이가 제 보드를 타고 프로 서퍼가 되지 않더라도 여기서 서핑을 엄청 즐기고 잘 타고 싶어 하는 친구니까 그런 의미로 '이무기를 하면 좋겠다' 한 거죠. 계속해서 가능하다면 '이런 느낌의 이름들로 가면 좋겠다' 해서 꾸준히 만들고 있죠. 구미호도 사실 그런 식으로 나온 거고, 그 이후에는 지금 사실 약간 이름 짓는데 부담감이 생겼어요(웃음). 뭔가 특이한 걸 계속해야 되나, 그냥 한국 이름에 발음이 편한 거, 굳이 요괴가 아니어도 말이죠. 요괴 이름이 생각보다 많이 없더라고요. 발음이 어려운 애들이 많기도 하고요.

일단 제 목표는 좀 거창해요. 10년 안에 이 헌팅턴 비치 베이스인 로컬 쉐이퍼로서 이름이 조금 알려졌으면 해요.

9. 보드 이름 짓는 방식이 굉장히 재미있는 것 같아요. 이렇게 라이더의 스토리와 개성을 넣어서 보드를 만들고, 보드를 테스트 해주는 친구를 어떻게 설명하면 좋을까요?

우선 현민은 테스터 겸 라이더예요. 처음에는 라이더를 해달라고 했었는데, 사실 제가 필요한 건 테스트를 겸할 수 있는 라이더였어요. 제가 만든 보드를 타고 평가해 주고 개선점을 얘기해 줄 수 있는 사람으로 현민이가 가장 적합했었어요. 여기 와서 만났던 여러 친구들 중에, 다 좋은 사람이었지만, 저랑 가장 마음도 잘 맞고 저한테 부담 없이 쓴소리를 해줄 수 있는 사람이 필요했어요. 현민이면 충분히 할 수 있다고 생각했죠. 정말 쓴소리도 해주고 좋은 얘기도 해주고 직설적으로 다 얘기해 주거든요. 최근에 이무기 2.0 버전을 만들 때 정말 별짓 다 했어요. 이무기 1.0 버전은 현민이가 좋아하던 모델이 있었는데, 그 보드랑 비슷한 피그 쉐입에 보드를 만들어주면 좋을 것 같다고 해서 그때는 이 보드가 어떤 움직임을 보여주었으면 좋겠다 하는 것이 거의 없었고 브랜드 이미지를 보여주는 정도였다면, 2.0 버전은 확실히 처음 시작부터 노즈 라이더를 먼저 만드는 게 좋을 것 같고, 레퍼런스 모델은 빙 보드의 컨티넨탈 보드가 되면 좋을 것 같았어요. 컨티넨탈이랑 비슷하지만 아웃라인만 비슷하고 락커와 포일이 사실 달라요. 이전에 만들었던 구미호에서 패들할 때 안정감을 주면서 빠른 패들링이 가능했는데, 새로 처음 만든 이무기 2.0 버전은 그렇지 않았어요. 나중에 알게 된 사실이지만 락커의 미세한 차이가 그 부분을 만들어 내는 것이었고, 그런 느낌을 만들어 낼 수 있는 락커를 가진 블랭크를 찾아서 최대한 그 블랭크가 가진 내추럴 락커를 활용하게 되었어요. 현민이가 디테일한 부분까지 캐치해서 저에게 피드백을 주고 있었어요. 그것이 1/8" 정도 되는 차이여도 다른 느낌이라는 것을 알더라고요. 실제로 테스트 모델을 7개나 만들었어요. 그런 과정에서 많은 것을 배웠죠.

-보드의 섬세한 부분들을 같이 찾아나간 거네요.

그렇죠, 저희가 원하는 락커도 그런 식으로 찾았고, 그 락커를 갖고 블랭크도 찾았고. 사실 컨티넨탈이랑 가장 다른 부분 중에 하나가 된 거죠.

-정말 이무기가 진화하는 것처럼, 범서프보드 만의 진화랑 비슷한 연대기인 것 같네요.

맞아요. 저도 딱 그렇게 생각해요.

-미국에 오게 된 이유가 결국에는 쉐이핑을 제대로 하기 위해서 온 거네요?

네, 저는 미국 중에서도 캘리포니아를 고집한 이유가 그거였어요

10. 미국에서 쉐이퍼로 활동도 하면서 서핑도 하고 있는데, 이게 일과 서핑이 섞인 라이프 스타일이잖아요. 본인이 생각하는 서핑 라이프 스타일은 무엇인가요?

그냥 저는 데일리 루틴으로 생각하면 가장 좋은 거 같아요. 새벽에 나가서 서핑하고 나오면 그래봤자 아침 8시-9시 밖에 안 되잖아요. 그리고 일상생활로 돌아가는 거죠. 일을 시작하든지 뭘 하든지 그게 뭐 제가 생각했을 때 캘리포니아에서 할 수 있는 서핑 라이프 중에서도 제일 좋은 것 같고 저도 그렇게 하려고 노력하고 있지만, 사실 그렇게 많이는 못하고 있어요. 제 삶 자체가 완전 서핑으로 그냥 가득 차 있잖아요. 그래서 처음에 좀 걱정을 했어요. 내가 재미로 생각했던 걸 직업으로 삼으면 재미있었던 게 없어지곤 하니까. 그런데 저는 처음 1년이 그런 삶을 살아보는 것을 시도해 보고 느낄 수 있었던 기간이었는데, 그때 엄청 좋았거든요. 미국에 와 보니까 파도도 너무 좋고, 서핑 문화를 어디서든 느낄 수 있는 장소라, 오히려 일이랑 취미랑 다 하나인 게 생각보다 더 좋더라고요. 일 자체가 일로 느껴진다기 보다는 일하러 오면 항상 재미있고, 다음에 뭘 할지 항상 기대감이 있어요.

11. 홍콩에서도 서핑을 할 수 있는 걸로 알고 있는데, 어땠어요?

파도를 떠나서 일단 물이 엄청 더러워요. 제 첫 서핑은 하와이였는데, 그때는 재미를 못 느꼈었어요. 대신 저는 스노보드를 20년 정도 탔었거든요. 스노보드보다 사람들이 서핑이 재밌다던데, 나는 모르겠더라고요. 그러다 홍콩에서 다시 서핑을 시작했는데, 홍콩이 좋았던 점은 라인업이 엄청 짧고 파도가 비기너 프렌들리 해요. 그래서 서핑을 시작하는 사람들이 타기에 너무 좋은 스폿이에요. 저한테 홍콩에서 서핑을 다시 시작한 것이 제 인생을 이렇게 바꿔준 좋은 계기가 되었던 것 같아요.

12. 홍콩의 서핑 시장은 어떤가요?

제가 느끼기에 홍콩의 서핑 산업은 좀 작은 편이었어요. 홍콩에 서핑이 알려진 계기가 호주 사람들이 홍콩에 많이 살고 있고 그 사람들 중에 서핑을 하던 사람들이 홍콩 사람들에게 서핑을 알려주었다고 들었어요. 그래서 홍콩에서의 서핑 산업의 메인은 거의 호주 사람들이 하고 있다고 알고 있고요. 홍콩이 또 좋은 것이 대만도 가깝고 발리도 그렇게 멀지 않으니까 트립을 많이 갈 수 있거든요. 아직까지도 홍콩에서 서핑하는 친구들 중에 연락하는 친구들이 있는데 요즘은 서핑하는 사람도 많아졌고 다들 실력도 많이 올라갔다고 하더라고요.

13. 이야기를 쭉 들으면서, 범서프보드는 어떻게 보면 본인 가까이에 있는 크루 혹은 가족 구성원이 본인한테는 가장 중요한 부분으로 다가오는데 맞나요?

맞아요. 그게 사실 저한테는 가장 중요한 것 같아요. 사람들과의 연결점, 관계가 저한테는 항상 되게 중요해요.

14. 다음 모델은 누구와 같이 작업하는 중인가요?

이제 시작할건 이무기 2.0 처럼 기존에 있던 모델들을 업그레이드 시킬 생각이에요. 백범 모델 2.0 버전은 벌써 제가 좋아하는 부분을 넣어서 디벨롭했고, 구미호 2.0 버전도 곧 나올 예정이에요. 아마 다음 프로젝트 중에 좀 재미있을만한 것은 도산 안창호 선생님의 손자이신 필립 선생님과 하는 프로젝트인데, 제가 지금

미국에서는 서프 범(Surf Bum) 이러면 서핑만 하는 한량
같은 애들을 얘기하는 거거든요. 그 의미가 좋았어요.

그걸 어떻게 접근해야 할지 잘 모르겠어서 선생님께 "서핑보드를 하나 만들어 드리고 싶습니다"라고 말씀드렸어요. 다행히 선생님도 좋아해 주셨고 적극적으로 '도산'이라는 이름을 지어주셔서 너무 만들고 싶다 생각했죠. 선생님과 대화를 통해서 핀테일 롱보드를 시작으로 '도산' 라인을 만들어갈 생각이에요. 선생님은 아무래도 서핑을 거의 평생 하신 분이셔서, 제가 만들어 드리고 선생님께 피드백받는 것만으로도 너무 큰 자산이 될 것 같아요.

-기대가 됩니다!

16. 궁금한 게, 레진이랑 피그먼트랑 섞으면 뭔가 만들 때 어렵고 쉽고 이런 차이가 있나요? 단지 색상의 차이인가요?

색이 들어가면 일단 과정이 추가되는 것들이 많아요. 예를 들어서 보드를 글라싱할 때에도 보드 전체로 하는 게 아니라 바텀 먼저 하고 그다음 탑을 나중에 하고 중간에 레일 부분들은 다 래핑하게 돼요. 클리어한 레진으로 글라싱 한다 하면 래핑 하는 부분을 커팅을 할 필요가 없어요. 그런데 색이 들어간 보드에서 그 래핑한 부분을 랩이라고 하는데, 그 부분의 일부를 잘라내는 것을 '컷팅 랩'이라고 해요. 피그먼트나 이제 틴트가 들어가면 색깔이 들어가는 보드가 되니까, 무조건 그 부분을 다 마스킹을 먼저 하고 그다음에 레진이 완전히 굳기 전에 마스킹한 부분을 다 컷팅해 줘야 해요. 그래야 깔끔하게 커팅 라인이 나오게 돼요. 그런 과정들이 들어가는 게 한 두 과정이 더 들어가는 거니까 조금 힘들긴 하지만 그렇다고 그것 때문에 이거를 안 하고 싶다 이런 건 아니고 확실히 색깔 하나 들어가는 거랑 색깔 두 개 들어가는 게 좀 다른 거죠. 하나 들어가면 부담 없이 하고, 색이 2-3개 들어가면 시간도 많이 걸리니까 약간 초조한 마음이 생기기도 하는데 하나하나 할 때마다 프로세스 자체는 동일하니까 이게 몸에 익어서 이제는 좀 편해지더라고요.

17. 정말 저렇게 스택 하나씩 양산하기가 힘들잖아요. 인환 씨가 범서프보드를 통해 지향하는 점은 핸드 크래프트 기법을 가져가고 싶은 걸까요?

지금은 그래요. 앞으로는 사실 어떻게 될지 모르겠지만. 원래 처음에 보드를 만들 때에도 보드 하나하나를 사람들한테 스토리가 있게 만들어주고 싶었거든요. 이야기가 있는 디자인을 하는 것을 너무 좋아하고, 제가 이전에 다른 디자인을 할 때에도 그런 부분에 스스로 희열을 느끼는 편이어서요. 하지만 앞으로의 프로덕션 방향은 사실 어떻게 될지 잘 모르겠어요. 많이 만들어서 팔면 그것도 역시 좋겠죠. 그런데 솔직히 일하면서 느낀 게 서핑보드 만들고 팔아서는 재산을 쌓을 수 있다고 절대 생각 안 해요. 절대 못할 거라고 생각해요. 어떤 공간을 만들어서 보드와 패션, 문화에 대한 이야기를 하면서 지속가능성을 가져가고 싶어요. 지금도 계속 구상 중이고요. 제가 앞으로 만들 샵이 '이런 분위기였으면 좋겠다, 근처에 있는 샵 바이브는 이랬으면 좋겠다' 이런 생각은 계속하고 준비하고 있어요.

18. 미국에서는 핸드메이드 보드를 많이 좋아하나요?

보통 핸드메이드 보드라고 하면 100% 핸드쉐이핑을 생각하고 얘기를 하는 것 같아요. 이 부분은 되게 호불호가 갈리는 것 같아요. 왜냐하면은 CNC을 통해 기계로 깎는 보드는 말 그대로 기계가 깎는 거니까 되게 정확하잖아요. 그래서 자기가 원하는 것이 명확한 사람들은 사실 CNC로 깎는 걸 선호해요. 편집샵처럼 그 샵에서 여러 브랜드의 보드를 모아서 팔면, 당연히 CNC를 더 선호하죠. 사실 판매가격은 크게 차이가 없거든요. 결국 어찌 되었던 다 브랜드 밸류가 크게 작용을 하는 것 같아요. 지금 제가 배우고 같이 일하고 있는 크리스 같은 경우에도 오더가 들어오면 CNC로 깎는 게 사실 비율적으로 봤을 때 더 많고 완전 100% 핸드 쉐이핑을 하는 거는 상대적으로 적거든요. 비즈니스적으로 훨씬 효율적이죠. CNC로 쉐이핑을 하더라도 무조건 사람이 전부 스크러빙을 해야 글라싱을 할 준비가 돼요. 그렇기 때문에 어떤 사람이 스크러빙을 하냐 또는 그날의 컨디션에 따라 같은 디자인의 보드라도 조금씩의 차이는 있을 수 있어요. CNC로 쉐이핑을 하는 것을 핸드쉐이핑이라고 말할 수 없다고 하는 사람들이 있는데, 저는 핸드쉐이핑의 일부이고, 그것들을 굳이 나눠야 하는지도 모르겠어요. 100% 핸드쉐이핑이 좋다고 할 수도 없고 그렇지 않다고 할 수도 없다고 생각해요. 제 경험상 미국 커스터머들은 본인의 취향에 맞게 100% 핸드쉐이핑을 요구하는 경우들이 가끔 있어요. 커스텀 보드들도 결국 CNC로 쉐이핑이 된다는 걸 어느 정도 인지는 하고 있어요. 100% 핸드쉐이핑 보드에 대한 크래프트맨십에 대한 존중은 확실히 있다고 생각해요.

20. 마지막 질문인데요, 작업할 때 가장 좋아하는 음악 플레이리스트가 있나요?

이게 오늘 질문 중에 제일 어렵네요. 저는 사실 음악 장르를 가리진 않거든요. 오늘은 오면서 재즈가 듣고 싶어서 재즈를 들으면서 작업했어요. 작업하면서 가장 많이 듣는 장르는 락 음악인 것 같아요. 제가 나이가 있어서 그런지 모르겠지만 미국 밴드 중에서는 AC/DC를 좋아하고, 한국 밴드는 윤도현 밴드를 좋아해요. 나중에 기회가 되면 드러머 김진원 님께도 보드를 만들어 드리고 싶어요. 어렸을 때부터 너무 팬이어서.

@betterthansurf
www.betterthansurf.com

© 2024 Reproduction of any part of this publication is strictly forbidden without prior permission from the publishers, authors and artists.